아버지의 하늘

아버지의 하늘

초판 1쇄 인쇄 | 2025년 05월 20일
지은이 | 구추영
펴낸이 | 박 현
펴낸곳 | 느림보거북이
주　　소 | 경상남도 함안군 가야읍 함안대로 523 함안우체국 사서함 6호
전　　화 | 010-5412-9988
E-mail | nlimbogeobuki@daum.net

등록번호　제2021-000002
등록일자　2021년 11월 29일

ISBN　979-11-990133-1-5

- 책값은 표지 뒤에 있습니다.
- 잘못된 책은 구입하신 서점에서 교환해드립니다.
- 이 책의 내용 전부 또는 일부를 이용하려면 반드시 저작권자와 출판사의 허락을 받아야 합니다.

아버지의 하늘

구츠영 수필집

책을 내면서

제 글쓰기는 초등학교 3학년 때 한글날 기념 백일장에서 차상을 받았던 게 계기가 되었습니다. 학창 시절에는 문예부에서 문학소녀로 활동하였습니다.

교직 생활을 시작하면서 문예반을 맡아 글쓰기를 지도하였습니다. 순수한 아이들의 글을 읽으면 영혼이 맑아지고 치유가 되어 행복했습니다.

2013년에 등단을 하였습니다. 과일은 숙성이 되어야 제맛이 나고, 김치도 잘 익어야 맛있는데, 여전히 저의 글은 풋내나는 물김치 맛입니다.

맛깔나고 멋진 글을 쓰는 글쟁이 문인이 부러울 때가 많습니다. 직장생활로 바쁘다는 핑계로 습작에 소홀했던 자신을 반성합니다. 우리 아이들에게는 최선을 다하라고 교육했지만 저는 그러하지 못했습니다. 그래도 제 게으름을 용서하며 이 정도라도 잘했노라고 토닥토닥해 봅니다.

저를 무척 아끼고 사랑하니까요.

이제 용기를 내어 수줍은 제 글을 봄 햇살에 펼쳐 보이려고 합니다. 십여 년 동안 품고 살았던 제 글이 첫 수필집으로 세상에 나온다니 가슴 벅차고 설렙니다. 제 글을 읽으며 평범한 삶의 이야기에 따뜻한 미소로 공감해 주기를 소망합니다.

오랜 세월 동안 글 벗으로 함께해 온 양산 문인협회 문우들, 언제나 저의 편이 되어 주시는 부모님, 그리고 사랑하는 가족과 기쁨을 나누고 싶습니다. 그리고 이 책이 출간되기까지 아낌없는 박수와 격려로 응원해 주신 수필가 박종국 선생님과 느림보 출판사 박현 대표님께도 고개 숙여 감사의 인사를 드립니다.

고맙습니다.

2025년 4월 따뜻한 봄날
구추영 올림

차례

책을 내면서   4

1부 함께 그리는 그림

만 원의 행복	14
꿩 대신 닭	21
보약	25
함께 그리는 그림	29
나비를 꿈꾸며	32
코로나 시대, 딸의 런던 탈출기	37
상처 딱지	42
큰엄마	48
이웃사촌	54
내 나이 서른에	59
말하는 초록이	65

2부 아버지의 하늘

아버지의 하늘	70
바나나에 대한 추억 하나?	76
선물	81
추억여행	86
연상(聯想)	93
붉은 장미꽃	98
따뜻한 밥상	102
못생긴 고구마의 매력	109
오뚝이처럼	112

3부 미워할 수 없는 동반자

미워할 수 없는 동반자	120
박카스와 초코파이	123
영영 버리지 못하는 물건	129
여름 산행기	134
족쇄	141
동행	147
로또	153
행복을 찾아 출발!	160

4부 내 사랑, 양산

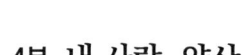

섬 집 아기	166
자전거	172
내 사랑, 양산	185
인연	197
시말서	200
고무줄 나이	205
첫 제자	208
통도사 극락암 청동 반자	212
다시 찾은 미타암	215

1부

함께 그리는 그림

만 원의 행복

퇴근 무렵 자동차에 시동을 켜는데 주유 등에 주홍빛 색깔이 선명했다. 아침 출근할 때부터 불이 들어와 신경이 쓰였는데, 또다시 압력을 가했다.

'이게 다 남편 때문이다.'

라고 생각하니, 신경질이 났다.

어제저녁 일이었다. 밥을 먹고 설거지를 하는데,

"여보, 차 어디에 세워두었어? 내 차를 안 몰고 와서 당신 차 좀 이용할게."

"내 차에 기름이 다 되어 가는데 돌아올 때 주유 좀 하고 오세요."

 골프 연습장으로 바쁘게 나가는 남편에게 기름을 넣어 오라고 주문을 하고 미덥지 않아서 또 한 번 당부하였다. 평소에 차에 기름이 넉넉해야 안심이 되고, 기름이 아슬아슬하면 불안해서 운전하는데 신경이 많이 쓰이기 때문이다.

 두어 시간 지나 운동을 마치고 돌아온 남편을 보자마자,
 "기름 넣었어요?"
 "아직은 내일까지 갔다가 오는데 문제없겠더라."
 "무슨 소리? 아까 퇴근할 때 보니까 맨 밑에 눈금 가까이 와서 딸랑딸랑했는데, 자기가 좀 더 썼으니 바닥에 있을 거잖아요? 미리 대비해야지 쌀독에 쌀이 다 떨어져야 쌀사러 가는 것처럼 사람이 어찌 그리 준비성이 없어요?"
 "괜찮아. 걱정하지 마라. 내일 두 번도 충분히 왔다 갔다 할 수 있겠더라."
 "올 때 기름 넣어 오라고 그만큼 말했는데 흘러들었어요? 우리 아버지는 평소에 미리 준비하고 챙기고 하는데 자기는 왜 그래요?"

나는 짜증 섞인 목소리로 아버지와 남편을 비교하면서 신경질을 냈다. 남편은 매사에 신중하고 준비성이 철저한 사람이다. 그런데도 이상하게 자동차 주유는 제때에 하지 않고 꼭 주유 등이 경고를 해줘야 한다. 그래서 이런 일이 한두 번이 아니었다.

오늘 아침에는 출근이 바빠서 주유소를 그냥 지나쳐 버렸다. 퇴근길에 주유소에 들를 요량이었다. 그런데 직장 근처 가까운 곳에 주유소가 없어 집 부근까지 가야 할 형편이었다. 핸드백을 열고 지갑부터 찾았다.

'어머나! 이게 어찌 된 일인가?'

가슴이 덜컹 내려앉았다. 아침에 헐레벌떡 나오느라 침대 맡에 휴대전화를 두고 나왔는데, 지갑까지 없었다. 정신을 차리고 생각을 해 보니, 어제저녁 마트에 다녀오면서 지갑을 다른 가방에 넣고 갔다가 핸드백에 옮겨놓는 걸 깜박했다.

'이 일을 어찌하나? 진작 지갑을 놓고 온 걸 알았다면 동료한테 빌리기라도 했을 텐데 이게 웬 황당한 일인가?'

일단은 차를 움직여 서서히 출발을 해 보았다. 잠시 뒤 몇 발 움직이지 않았는데 또 주홍빛 등이 켜졌다. 마음이 다시 불안해지고 초조해졌다. 점차 주유 등에 불이 켜지는 시차가 좁아져 올 때마다 내 마음은 더욱 긴장되어 가슴이 콩닥콩닥해졌다. 괜스레 요즘 들어 점점 심해지는 건망증까지 탓하게 되었다.

돈도 없고 현대인의 무기이자 필수품인 휴대전화까지 없으니, 더욱 불안하고 겁이 덜컥 나기도 했다.

'만약에 도로에서 갑자기 차가 시동이 꺼지고 서 버리면 어떻게 해야 하나? 휴대전화가 있으면 남편에게 전화를 걸어 구조요청이라도 할 텐데…. 아니면 자동차 보험회사에 전화할 수도 있고….'

별의별 생각이 다 들었다.

시간이 흐르자 계기판의 눈금도 자꾸 아래로 떨어졌다. 스트레스가 쌓여 체한 듯 가슴이 답답해지고 머리도 띵해졌다.

'그래, 충분히 갈 수 있을 거야. 어제 남편이 왕복도 한다

고 했는데 설마 거짓말을 했을까.'

 예전에 주유고 눈금이 저 밑에 있어도 얼마는 달릴 수 있다고 들은 적이 있는 기억까지 더듬으며 나를 위로하기도 하였다. 그렇다고 어찌할 건가? 지금 달리 조처할 방법이 아무것도 없는데…. 바보같이 불안에 떨고 있는 나 자신이 미웠다.

 신호등 앞에서 차가 멈추자, 갑자기 음악을 들어야겠다는 생각이 났다. 노래를 들으면 좀 마음이 풀리고 나아질 것 같아서다. 오른손으로 카세트테이프가 담긴 상자 뚜껑을 열었다.

 그런데 이게 웬일? 테이프를 몇 개 집어 올리니, 반으로 접힌 만 원짜리 지폐 한 장이 보이는 게 아닌가. 내가 잘못 본 걸까? 나는 내 눈을 의심하며 몇 초간 머뭇거리며 손으로 만져보았다. 갑자기 황홀해지면서 지금까지의 모든 긴장된 스트레스가 녹아내렸다.

 며칠 전 딸아이를 데리러 갈 때 혹시나 하고 준비해 간 돈이었다. 밤늦게 학교 공부를 마치고 돌아오는 딸아이에게 간식을 사 먹이려고 준비했던 돈인데, 그날은 아이가 간식 생각이 없다고 하여 상자 안에 접어두었다.

'역시 나의 행운의 여신은 나를 배반하지 않는구나! 호호호!'

신호등을 지나니 붉은색 간판의 주유소가 눈에 띄었다. 주유원이 달려와서 인사를 꾸벅하였다.

나는 방긋 웃으며 "만 원어치만 넣어주세요. 지금 바빠서요."라고 말했다.

자동차의 시동을 켜고 기분 좋게 페달을 밟으니 만 원을 꿀꺽 삼킨 차는 미끄러지듯이 달렸다.

집으로 돌아와 남편과 아이들 앞에서 오늘의 무용담을 신나게 털어놓았다.

"차에 꼭 만 원짜리 한 장은 넣어 두고 다니세요. 돈 만 원이 그렇게 귀중하고 요긴하게 쓰일 줄이야. 흐흐! 오늘 집에까지 무사히 와서 정말 감사하고 행복해요!"

"결국, 나 덕분이네요? 엄마가 내 간식 사 주려고 준비한 것이니…."

"엄마, 핸드폰도 꼭 챙기고 다니세요. 현대인의 필수품 제1호랍니다."

오랜만에 식탁에 모여 앉은 네 식구의 얼굴에는 웃음꽃이 만발했다.

꿩 대신 닭

새해를 맞아 아파트 부녀회에서 떡국 판매 행사가 열렸다. 해마다 그 떡을 사서 새해 아침에 떡국을 끓였는데, 이번에도 참여하기로 하였다. 요즘은 언제든지 떡국을 쉽게 사고, 떡국을 바로 사서 간편하게 먹는 편리한 세상이 됐지만 내가 어릴 때만 해도 그렇지 않았다.

새해맞이 떡국을 장만하기 위해 시장 떡방앗간을 찾았다. 집에서 불린 쌀을 떡방앗간으로 가져가면 대목을 맞은 떡집 아저씨는 싱글벙글 반가운 얼굴로 맞아 주었다. 아저씨는 쌀을 기계로 곱게 빻아 하얀 쌀가루를 네모난 상자 틀 안에 옮겼다. 떡을 찌는 나무상자가 탑처럼 높이 쌓이고, 상자 주변은 공룡이 입에서 연기를 뿜어낸 듯 연신 수증기가 자욱하였다. 동그란 구멍을 통과한 떡이 순대처럼 줄줄 뽑혀 나왔다. 김이 모락모락 오르는 떡을 보며 군침을 삼키다 보니 어느새 가래떡이 소쿠리에 담겼다. 얼마 후 가족은 제각기 바로 나온 가래떡을 기다랗게 쭉쭉 늘여서 먹었고, 엄마는 가래떡에 참기름을 바르고 꾸덕꾸덕 말린 후 둥글게 썰어 보관하였다

  떡국을 끓이는 재료는 지역에 따라 다양하다. 주로 산촌에는 고기를 넣은 육수를 사용하고, 어촌에서는 해산물을 이용하였다. 우리 집 떡국은 여러 가지 재료를 넣었는데, 그중에서도 닭고기를 넣은 떡국이 으뜸이었다. 옛말에 '꿩 대신 닭'이었다. 우리 조상들은 설날 떡국을 끓일 때 꿩고기를 이용해서 끓였다. 맛도 좋지만 꿩을 성스러운 새로 여겼기 때문이었다. 하지만 요즘은 꿩을 구하기 힘들어서 꿩

대신 닭을 사용하게 되었다.

 가족이 먹을 떡국을 끓이려면 그 수고로움이 엄청났다. 우선 시장에서 닭을 사와 살코기는 덜어내고, 닭 뼈를 부위별로 자른다. 도마에서 쉴 새 없이 내리치고 다져야 하는 힘든 노동의 시간이 계속된다. 가족은 번갈아 가며 닭 뼈가 모래알처럼 부드럽게 될 때까지 수없이 칼질을 반복한다. 그렇게 잘게 다져진 살과 뼈를 조금씩 떼어서 장국에 넣어 끓이면 닭고기 육수가 완성된다.

 새해 아침에 하얀 가래떡으로 만든 떡국을 먹는 건 한 해를 시작하는 경건함을 담은 데서 시작되었다. 하얀색의 떡과 국물로 묵은해 안 좋았던 일을 하얗게 잊고 새롭게 시작한다는 의미와 가족의 무병장수를 기원하기 위한 풍속이었다고 전해진다. 이렇듯 새해 아침이 되면 온 가족이 오순도순 둘러앉아 떡국을 먹었다. 닭 육수를 넣은 떡국을 앞에 놓고 새해 소망을 빌고, 덕담을 나누며, 나이 한 살 더 먹는다고 좋아했다. 지금 생각해 보니 닭고기를 넣어서 끓인 떡국은 가족의 안녕과 복을 기원하는 마음이 빚어낸 사랑의 걸작품이었다.

누군가 '맛은 기억이다.'라고 하였던가? 어릴 때 먹었던 '꿩 대신 닭'을 넣은 떡국이 생각나는 건 그때 그 시절을 추억하고, 그 시절 함께한 가족이 그리워지기 때문이리라. 맛은 소중한 기억이다.

보약

'오늘 저녁에는 뭘 해 먹지?'

퇴근하면서 저녁 반찬이 신경 쓰였다. 나 혼자 먹는다면 걱정이 없겠는데 우리 집 입맛 까다로운 남자와 함께 먹으니, 여간 신경 쓰이는 게 아니다.

'몸도 피곤하니 반찬 가게 기회를 써야겠다.'

요즘 들어서 바쁘고 피곤하다는 핑계로 반찬가게 이용 횟수가 많아졌다.

오늘도 퇴근길에 동네 반찬가게로 향했다. 갈 때마다 진열대 위에는 갖가지 맛 난 반찬이 잘 포장되어 단골손님을 기다릴 테니까. 먹음직스럽게 빨간 물을 들인 닭볶음탕을 보니, 군침이 돌고 뱃속에서 '꼬르륵' 뱃고동 소리가 울렸다. 눈이 가는 반찬 몇 가지를 주섬주섬 담았다. 나를 위해 준비해 놓은 듯 좋아하는 반찬이 다양했다. 반찬가게 사장은 나의 전속 요리사이고, 나는 궁궐의 왕녀나 집사라는 재밌는 상상을 하면서 다정한 인사도 빠뜨리지 않는다.

계산대에 섰는데 가게 문을 열고 중년의 여인이 들어서며
"미역국 있어요?"
라고 묻는다.

사장님이 오늘은 미역국을 준비하지 않았다고 하니, 볼멘소리로 가족 생일이라며 난감한 표정을 짓는다.

'가족 생일이면 직접 미역국을 끓여야지!'

이런 생각이 뇌리를 스치는데 나 자신이 한심하다는 생각이 들었다. 나도 만든 반찬을 사러 온 주제에 남의 사정도 모르고 함부로 주책맞은 생각을 했다.

이제 손수 만든 음식으로 밥상을 차려야 된다는 보수적인 시대는 지났다. 요즘은 밥 한 끼를 먹는데 큰 의미를 두지

않는다. 밥 대신 다른 음식으로 간단히 해결하거나 밀키트와 같은 반조리식품, 배달음식으로 간편하게 한 끼를 때운다. 생일이나 가족 행사 때도 집밥보다는 외식을 선호한다. 정성스러운 밥상을 차리기 위해 얼마나 많은 시간과 노력이 필요한가. 합리적인 사고로 본다면 사 먹는 음식이 더 좋다.

그런데 나는 아직도 때마다 솥뚜껑 운전을 멈추지 않는다. 한 끼 식사는 기본 삼첩반상 또는 오첩반상으로 차려야 한 끼 식사라고 여기는 사람이다. 정성스럽게 만든 반찬을 예쁜 그릇에 담아 사진도 찍고 나 자신 스스로가 흡족해하며 먹는 걸 즐긴다. 잘 먹고 잘살기 위해 열심히 일하지 않는가. 그런데 매일 바쁘게 살다 보니, 요리하는 시간보다 사 먹는 경우가 늘어나고 식구마저 줄어드니 더 게으름을 피우게 된다.

지난 주말에는 날씨가 좋아 교외로 나갔다. 시골길을 지나는데 농막 앞 가판대에 보랏빛 가지, 변색하는 호박, 아직도 녹색의 고추, 탐스러운 하얀 박이 보였다. 싱싱한 채소와 달덩이 같은 박을 보니 탐이 났다. 늦여름 채소 중에서 가지와 박나물을 좋아하는데 박나물은 제철이 아니면 먹기 힘들다. 농부의 고생은 뒷전이고 귀한 박을 운 좋게 사니 횡재했다는 생각이 들었다.

집으로 돌아와 박 두 덩이를 쪼개어 씨를 빼내고 썰었다. 준비하는 과정이 번거로웠지만 부드러운 촉감이 참 좋았다. 순백의 보름달을 초승달로 다시 깍두기 모양으로 변신시켰다. 봉지에 잘게 나누어 냉동칸에 보관하니, 곳간에 곡식을 쌓아둔 기분이었다. 저녁 밥상을 차리니 남편은 식감 좋은 박나물이 계절의 맛이라며 기분 좋게 먹었다. 맛깔스러운 밥상은 마음마저 여유롭게 하고 관계를 좋게 해준다.

한 끼 대충 때우는 식사보다는 신선한 재료로 잘 차려진 밥상은 힘을 주는 치유의 명약이다. 옛말에 '밥이 보약이다.'라고 했다. 정성이 들어간 밥과 반찬은 몸을 건강하게 다스리는 약이라는 의미이다. 건강한 밥상은 나 자신은 물론 함께 먹는 사람에 대한 사랑이요 예의이다.

'오늘은 어떤 밥상을 차릴까?'

함께 먹으면 보약 같은 집밥을 오늘도 행복한 고민 중이다.

함께 그리는 그림

　우리 사 남매는 부모님을 모시고 남해안으로 1박 2일 가족여행을 떠났다. 올해 구순을 맞이하는 아버지 생신 축하 여행이다. 우리는 부모님을 위한 여행 계획을 짜면서 장소, 음식, 숙소, 여행 일정 등을 공유하며 날마다 즐거웠다.
　그런데 여행 일주일 전에 태풍 '콩레이' 소식이 들려왔다. 태풍이 한반도로 북상할지도 모르니 태풍의 진로에 촉각을 세우며 초조한 시간을 보냈다. 다행히 태풍의 영향은 없겠으나 남해안에 강한 비와 바람을 예고하였다.
　결국, 아버지는 단호하게 여행을 취소하자고 통보하셨다.

처음부터 우리끼리 다녀오라고 손사래를 쳤는데, 참 난감하게 되었다. 어떤 여행가는 '날씨도 여행의 일부'라고 하였지만, 노인을 모시고 가는 여행이라 망설여졌다.

다행히 여행 당일 아침이 되자, 구름에 가려 시무룩했던 해가 '쨍'하고 나타났다. 어젯밤까지 추적추적 내리던 비가 그치고, 바람은 얌전했고, 햇살은 고왔다.

부모님을 모시러 집 앞으로 갔더니, 잔뜩 멋을 부린 노부부가 방긋 웃으며 나오신다. 꼿꼿하게 걸어 나오시는 모습이 신중년 같다. 나이는 숫자에 불과하다는 말에 절로 공감이 갔다.

"아이고! 우리 임서방, 멀리까지 운전한다고 수고가 많겠네."

부모님의 목소리에는 사위에 대한 고마움으로 벌써 신바람이 묻었다. 가기 싫다고 말해도 그건 거짓말이었다.

교외로 나서니, 비에 젖은 붉고 노란 잎사귀가 바람에 팔랑거린다. 곱게 물든 단풍은 꽃보다 아름답다는 말이 실감났다. 심장이 쿵쿵할 줄 알았던 아버지도 차창 밖으로 보이는 풍경에 감탄하셨다. 아홉 형제의 장남으로 동생의 대소사를 책임지신 집안의 대들보! 경제적 결핍에 맞서며 차돌처럼 단단하게 살아오신 아버지!

쉴 새 없이 이야기꽃을 피우며 신나게 달리다 보니, 어느새 목적지에 도착했다.

"야호! 저기 바다가 보인다."

옥색 바다는 잔잔한 평온을 불러온다. 햇살을 받은 윤슬은 은빛 가루를 뿌린 듯 눈부시게 반짝였다.

아침내 부모님과 동행하며 꿈꾸던 구순 축하 여행이 시작되었다. 부모님 손잡고 맛난 음식도 먹고, 해상 케이블카를 타며, 노을 진 낙조도 감상할 생각에 마음은 벌써 아이처럼 설렜다. 저 너머 한려수도 바다가 아름다운 그림처럼 펼쳐졌다.

우리 가족이 그리는 여행 스케치는 어떤 그림으로 완성될까? 남해의 갯내음과 끼루룩거리는 바다 갈매기의 소리도 담아 보자. 가족의 웃음도 배경으로 넣으면 더 멋진 그림이 완성될 거야.

나비를 꿈꾸며

나는 사진 찍기를 좋아한다. 오래전부터 바깥나들이할 때도 꼭 사진기를 챙긴다. 덕분에 사진을 종류별로 모아 놓은 사진첩도 다양하다.

며칠 전, 작은 딸아이의 방을 청소했다. 큰딸의 결혼식을 앞두고 작은 아이가 입국하기 일주일 전이다. 빈방을 청소하며 먼지가 쌓인 책장을 정리하는데, 낡은 사진첩이 눈에 들어왔다. 포켓 사진첩을 열어보았다. 링에서 빠져나온 바인더 속지가 뒤섞여 포개져 있었다. 순서도 뒤죽박죽이고, 사진 아래에 적은 놓은 내용도 서로 달랐다. 사진첩을 내버려 둔 지 오래되어 보였다.

'옳거니! 작은딸 선물로 새 앨범을 만들어줘야지.'

청소를 끝내자마자 마트로 향하였다. 바로 2층에 있는 문구류 쪽으로 갔다. 내가 찾는 사진첩은 아무리 찾아도 보이지 않았다. 1층으로 가서 실내장식 판매대를 둘러보았다. 몇 번을 두리번거렸지만, 거기에도 없었다. 다시 2층으로 가서 문구 판매대를 서성일 때, 마침 지나가는 직원에게 도움을 요청했다. 앞장선 직원을 총총 따라갔다. 구석진 맨 아래 칸에 달랑 6권이 앉아 있었다. 찾는 이가 없으니, 눈높이도 안 맞는 맨 아래 칸에 밀쳐 둔 듯 보였다. 나는 쪼그리고 앉은 채 앨범을 살펴보고는 접착식 앨범을 선택했다. 이전에 포켓 앨범은 보관하기는 쉽지만, 사진이 삐죽이 삐져나와서 바꾸기로 마음먹었다.

계산대 직원은 앨범을 계산하면서

"요즘도 앨범을 사는 사람이 있네요?"

하며 의아해했다.

그렇다. 디지털카메라가 나오고부터는 사진첩의 수요가

없었을 것이다. 내가 스마트폰으로 찍은 사진만 해도 수천 장이다. 그 사진을 다 인화해서 사진첩에 수록하기보다는 컴퓨터에 저장하고 있으니…….

나는 새 앨범을 안고 빠른 걸음으로 집으로 와서 딸아이를 위한 선물 만들기 프로젝트에 돌입했다. 대가를 바라지는 않지만 기뻐하는 아이의 모습을 본다면 그것으로 성과급이라 여기기로 했다.

먼저, 작업 공간 마련을 위해 베란다에 있는 두레 밥상을 들고 와서 거실 한쪽에 펼쳐 놓았다. 사진첩을 열어보았다. 맨 앞장에는 아이가 태어났을 때 신생아실에서 발목에 채어둔 분홍색 고리가 있었다. 아기 수첩도 보관되어 있었다. 사진 한 장 한 장에는 아이에게 바라는 소망과 사진에 관한 내용이 적혀 있다. 아이의 추억이 나의 추억과 같이 묶어져 파릇파릇 되살아났다.

사진첩에 있는 박제된 사진은 마치 '얼음 땡' 놀이를 하는 것 같다.

"땡!"

하고 소리치면 얼음처럼 굳었던 몸이 서서히 풀리고 어느새 깔깔대며 움직일 것 같다.

나는 영아기, 유아기, 유치원, 초등학교, 중학교 순으로 사진을 분류하여 작업대 위에 올려놓았다. 마치 딸의 일생을 연대표로 만드는 것 같았다. 훗날, 딸이 유명인이 되었을 때 기념관에 놓아둘지도 모른다는 재미있는 상상도 해보았다.

퇴근하고 돌아오면 사진첩 정리에 몰두했다. 사진이 얼마나 많은지 사흘이 지나도 작업 속도는 더뎠다. 답보상태처럼 느껴졌다. 나흘째 되는 늦은 밤이었다. 거실 바닥과 밥상 위에는 정리하지 못한 사진이 널브러져 있다. 바닥에 앉아 똑같은 행동을 반복하니, 허리도 아프고 어깨도 아프기 시작했다.

옆에서 TV를 보고 있던 남편이

"그렇게 한다고 가현이가 알아주겠나?"

하고 한마디 툭 던진다. 아마 며칠째 이러는 마누라가 안쓰러웠는가 보다.

어느 누가 자식을 키우면서 대가를 바라고 정성을 쏟는다고 희생이라고 할까? 그저 내 자식을 위한 본능적인 마음 아니겠는가?

사진 속에 갇힌 우리 딸의 모습을 보니, 갑자기 가슴이 아릿했다. 낯선 이역만리에서 외롭게 살아가는 현실이 생각났기 때문이다. 메마른 나뭇가지에서 겨울잠을 자는 번데기로 보인다. 얼른 예쁜 나비가 되어 팔랑팔랑 자유롭게 날아가기를 빌어본다.

지금은 얼음공주가 되어 있지만, 머잖아 따뜻한 봄날이 와서 '헤헤' 웃으며 훨훨 날아다닐 것이다. 그런데 '땡!' 하고 외쳐 줄 사람은 딸아이 자신인 것을 딸도 알고 있겠지.

드디어 프로젝트를 성공적으로 마무리 지었다. 새롭게 태어난 사진첩을 거실 탁자 위에 자랑스럽게 올려놓으니 마음은 뿌듯하고 흐뭇하다. 내일 도착하는 아이의 표정을 상상하니 벌써 입꼬리가 올라간다.

코로나 시대, 딸의 런던 탈출기

3월 18일 새벽 시간이다. 딸아이가 실시간으로 사진과 '카톡' 메시지를 보내주었다. 평소에는 탑승 두 시간 전에 도착했지만, 오늘은 평소보다 한 시간 더 일찍 공항에 도착했단다. 영국 런던 히스로공항이다.

공항 터미널 입구에 들어서자마자,

'아뿔싸!'

우려했던 일이 일어났다.

새벽 지하철 안은 한산했는데 그곳은 북새통이다. 랩으로 칭칭 감은 여행용 가방을 삼단으로 쌓아 수레에 밀고 지나가는 사람들로 붐빈다. 어디가 끝인 줄도 모르게 길게 늘어선 사람들로 발 디딜 틈이 없다. 공항은 코로나 전쟁을 피해 탈출을 감행하는 피난민으로 왁자지껄하다. 탑승 시간 30분 전인데 아직 모바일로 예매한 탑승권을 받지도 못한 채 차례가 되기를 기다릴 뿐이다.

'갑자기 비행기가 결항하면 어떻게 해야 하나?', '혹시나 집으로 돌아올 수 없으면 어떻게 하지?' 하는 염려가 앞섰다. 게다가 평소보다 훨씬 비싼 가격에다 거의 매진되어 겨우 예매한 항공권인데…….

'항공사에서 문자 한 통 없었는데 막상 공항에 오니, 갑자기 결항하였다는 얘기를 들었다는 친구의 말이 나에게도 일어난다는 말인가?' 하는 우려가 들기도 했다.

'카톡방' 대화는 아이와 가족의 걱정과 초조감으로 이어져 갔다. 나는 아이에게 항공사 직원에게 가서 탑승 시간이 다 되어간다고 도움을 요청해 보라고 했다. 그때 마침 아부다비행 비행기가 30분 연착된다는 안내방송이 나왔다. 다행히 항공사 직원은 대기하는 승객에게 탑승권을 모두 발

권해 준다고 했단다.

수화물을 부치고, 출국 심사를 마친 후 이륙 시간 10분 전에 가까스로 비행기 좌석에 앉았다고 했다. 아부다비에서 3시간 여유가 생겼으니, 별다른 일이 없는 한 한국행 비행기는 무사히 탈 수 있을 것이다. 하지만 아직 안심하기에는 이르다. 앞서 런던발 비행기가 스페인 공항에서 입국을 거부당해 회항하였다는 소식이 전해졌기 때문이다. 제발 아부다비 공항은 런던발 비행기를 무사히 착륙시켜주길 간절히 바랄 뿐, 내가 할 일이 하나도 없다는 게 그저 안타깝기만 했다.

기내에서 중국 여자가 고글을 끼고 우주인 복장을 하고 앉은 모습을 사진으로 보내왔다. 영국에서부터 이중으로 마스크를 착용하고 틈만 나면 손 소독제를 바른 딸은 손이 마르고 각질이 생겼다고 한다. 그래도 어쩌나! 수시로 손을 씻고 손 소독제를 바르는 것이 최상일뿐.

딸이 아부다비에 도착할 시간을 알람으로 맞춰두고 잠시 눈을 붙였다. 눈은 감았으나 불안한 생각이 연방 스치고 지나갔다.

드디어 아부다비 공항에 도착하였다는 연락이 왔다. 딸이 아시아 땅에 왔으니 그나마 안심이 되었다. 유럽만 벗어나면 다행으로 여기는데, 갈아타는 한국 사람이 많이 보인다고 여유를 부리며 면세점 구경을 한다고 했다. 그런데 면세점은 직원만 보이고 손님은 없다는 얘기였다. 영국에서 출국하며 가족 선물을 사고 싶었는데, 폭발적인 피난민으로 인해 사지 못했다며 필요한 물건을 주문하라고 한다.

'네가 무탈하게 살아서 돌아오는 것이 선물이다.'

한국 시각으로 새벽 세 시다. 어림잡아 8시간 30분 후에는 인천공항에 도착할 것이다. 시간이 빛의 속도로 어서 지나가면 좋겠다. 다시 알람을 도착 예정 시간인 오전 11시 45분으로 맞추고 잠을 청해 본다. 이제는 눈을 감고 평온한 마음으로 아이에게 좋은 기운을 보낼 수 있다.

'귀국!'

가족 카톡방에 메시지가 뜬다. 기분 좋은 이모티콘 여러 개가 문자창에 두둥실 떠오른다. 그제야 겨우 초조한 마음을 가라앉히고 안도의 한숨을 쉬었다.

딸은 집에 돌아와도 보름 동안 자가격리에 들어간다. 격리되어 머물 방에는 생활에 필요한 최소한의 물품을 갖추어 놓았다. 딸이 홀로 감금 생활을 하는 데 지장이 없도록 여러 가지 물건을 준비했다. 그리고 한식이 먹고 싶다던 딸을 위해 한식용 재료와 기호식품도 냉장고에 넉넉하게 채워 두었다.

이제 딸아이를 환영하기 위해 남편과 집을 나섰다. 비록 말로 대면 인사는 못 해도 반가운 눈인사만 나누어야겠지! 말할 수도 없고 포옹도 안 되고 어떤 모습으로 반갑게 맞이해야 할지 고민이었다.

어쨌거나 그 어려운 탈출에 성공한 걸 축하해 줘야지. 타국에서 홀로서기를 잘 마치고 무사히 귀국하는 딸이 자랑스럽다. 뻥 뚫린 고속도로를 달리는 차도 '부릉부릉' 콧노래를 불렀다.

상처 딱지

'벌써 한 달이 되었나?'

작은딸아이가 한국에 온 지 한 달이 되어 다시 돌아갈 날이 다가왔다. 우리 가족은 조기 퇴근을 하고 작은 아이를 배웅하기 위해 집에서 모이기로 약속을 했다.

집으로 들어서니, 작은 아이의 짐 가방이 떠날 준비를 하며 웅크리고 있었다. 가방을 들어보니 제법 무거워서 항공 수화물 중량 기준을 넘을까 걱정이 되었다. 아마 초과하지는 않겠지만 직접 무게를 달아 봐야 마음이 편할 것 같았다. 큰 저울을 찾으러 아파트 관리실에 전화하니 저울이 없다고 했다. 갑자기 동네 우체국이 생각났다. 나는 덩치 큰 짐 가방을 끌고 집 근처 우체국으로 향했다. 곧 출발해야 하기에 어서 다녀오려고 뛰다시피 걸었다. 우체국으로 들어서기 무섭게 저울을 찾아 무게를 달았다. 전자저울의 숫자가 왔다 갔다 하더니 멈춰 섰다.

'후유! 다행이다.'

다시 가방을 끌고 오던 길의 반대로 총총걸음을 걸었다. 아이는 항공료를 절약하기 위해 경유지에서 갈아타는 표를 구하였다. 수화물은 중량을 초과하지 않아 목적지까지 바로 보내게 되었다.

우리 가족은 도시 고속도로를 힘차게 달렸다. 차 안에서 이런저런 이야기꽃을 피워 봤지만, 딸을 타지로 보내는 걱정스러움과 아쉬운 마음을 진정시킬 수가 없다. 분홍빛 배롱나무꽃은 이런 내 마음을 아랑곳하지 않고 환하게 웃기만 했다.

한참을 달리던 차는 마침내 주차장 입구로 들어섰다. 그러나 '만차'라는 경고등이 우리를 가로막았다. 하는 수 없이 우리는 차에서 내리고 남편은 주차장으로 사라졌다. 차에서 내린 작은 아이가 갑자기 무엇을 찾았다.

'아이고! 맙소사!'

딸에게 가장 귀중한 핸드폰이 안 보였다. 가방 속을 아무리 뒤져도 보이지 않으니, 그때야 집에 두고 온 걸 알았다.

'이 일을 어쩌나!'

주차하러 떠난 남편에게 얼른 전화했다. 갑자기 화기애애하던 분위기가 싸늘해지고 긴장감이 감돌았다. 평소에도 자기 물건을 허술하게 관리하던 버릇으로 걱정을 끼치더니 결국 오늘 이런 일이 생겼다. 대합실에서 기다리는 딸아이는 꼼꼼하지 못한 자신을 자책하기보다 아빠가 화내는 모습을 떠올렸는지 울상이 되었다.

남편은 어린아이의 눈높이에 맞추기보다는 작은 잘못에도 꾸짖기를 잘하여 아이들을 울렸다. 딸아이가 커가면서는 공감력과 소통이 부족한 아빠로 점수를 잃어갔다. 며칠 전, 아이들과 나누었던 대화를 통해 우리가 무심코 내뱉은 말이 성장 과정에 독침이 되어 그 상처가 아물지 않았음을 알았다. 부모 되기는 쉬워도 좋은 부모 되기는 어렵다는 말이 실감 났다.

'상처의 딱지는 언제 떨어질까?'

나름 자식을 사랑으로 키운 보람은 온데간데 없었다.

집에 두고 온 핸드폰을 가져오는 여러 가지 대안을 생각해 보았지만, 남편이 자가용 택배 기사 노릇을 하는 것이 최고의 방법이었다. 승차권을 취소하고 남편이 시키는 대로 시간을 늦추어 표를 예매하였다. 다행히 비행기 시간은 충분하였다.

큰아이가 커피와 빵을 사 왔다. 잔뜩 표정이 굳은 동생에게 따끈한 커피를 건네며 웃었다.

"빨리 알았으니 다행이지. 열차가 출발하고 뒤늦게 알아챘으면 우짤뻔 했노?"

건네받은 커피를 마시며 딸아이가 배시시 웃었다. 생각해 보니 이 정도로 사태를 수습하니 다행이다.

남편을 기다리는 동안 작년 여름에 큰아이와 캐나다 배낭여행에서 아찔했던 일화를 들려주며 초조하고 긴장된 마음을 가라앉히느라 애썼다. 그 사이에 남편한테서 전화가 왔다. 잠시 5분 뒤에 도착 예정이니 주차장 입구로 나오라는 얘기였다.

갑자기 작은 아이가 울먹이며,

"아빠가 어릴 때부터 나를 잘 혼내도 아빠는 아빠인 갑다."

작은 아이의 볼에는 눈물이 주르르 흘렀다.

"아빠가 너를 얼마나 사랑하고 귀여워하는데? 어릴 때부터 너희를 강하게 키웠기 때문에 오히려 이국 만 리 남의 나라에서 잘 버텨낸다고 생각해라."

아이의 눈물 속에는 아빠에 대한 고마운 마음과 그동안의 해묵은 감정이 녹았으리라.

큰아이가 주차장 쪽으로 핸드폰을 받으러 간 사이에 우리는 열차 타는 곳으로 나갔다. 열차 출발시각 10분 전이었다. 우리가 생각한 방법이 옳았고 작전은 성공하였다. 작은 아이는 언니가 건네주는 휴대전화를 손에 꼭 쥐고 열차 안으로 들어갔다. 우리는 작별의 포옹을 하고 시간에 떠밀려

열차에서 내렸다.

　승강장을 나오니, 저 멀리 건물 앞에서 007 작전을 수행한 나의 '제임스 본드'의 차에서 불빛이 깜박였다. 주차공간이 없어 건물 앞에서 기다리던 남편은 "내 운전 사상 오늘이 제일 긴장된 순간이었다. 후유!" 하며 안도의 한숨을 쉬었다.

　귀갓길은 퇴근 시간이라 도로에는 차가 밀려들었다. 조금만 늦었어도 비행기를 못 탔다고 생각하니 시간에 맞춰 도착한 남편이 대단해 보였다. 차 속에서 작은 아이가 가족 '단톡방'에 남긴 글을 읽어 본다.

　'아빠, 제 핸드폰 가지고 오시느라 수고 많으셨어요. 고맙습니다.'

　그동안 쌓였던 무거운 장벽이 한여름 장마로 한꺼번에 터지는 느낌이었다.

　아이는 표현력이 어눌한 경상도 아빠의 서툰 사랑법을 이해해 줄까?

큰엄마

 불교에 '옷깃만 스쳐도 인연이다.'라는 말이 있다. 이 말은 사람과 사람이 맺은 인연의 소중함을 말해 준다. 내게도 그렇게 소중한 인연을 만나 늘 감사하고 행복하다.

"야! 달빛이 너무 밝다. 엊그제 보름이 지났는데 달이 저리 밝나?"

"보름 지났다고 달이 한 입 패였네요."

 나는 저녁 아홉 시 무렵이면 큰엄마랑 어김없이 동네 산책을 한다. 파워 워킹을 하면서 속보를 하고, 오르막 내리막을 걷다 보면 어느새 이마에는 땀방울이 송골송골 맺혔다.

물론 운동 후 마무리도 잊지 않는다. 무릎을 뒤로 꺾기도 하고, 다리를 난간에 올리고 두 손목을 깍지 낀 채 옆구리 운동을 하면 근육이 시원하게 펴지는 느낌이 든다. 스트레칭에 대한 지식도 없고, 정해진 순서도 없이 내 방식대로 내가 하고 싶은 대로 하지만, 몸도 마음도 환한 달빛을 닮아 간다.

"오늘은 쟁반 돌리기 한번 해 볼래?"

"오른 손바닥에 쟁반이 올려졌다고 생각하고 밑에서 위로 돌리면서 이렇게 내려오게 해 봐라."

 나는 큰엄마의 시범을 따라서 몇 차례 해 보았다. 하지만, 온몸을 비틀기만 하고 손바닥을 뒤집으며 제대로 되지 않았다.

"옴마야! 쟁반에 있는 음식 다 쏟아버렸다. 흐흐흐!"

 큰엄마는 우리 집과 17년 동안 같은 아파트에서 지내온 이웃이다. 또한, 직장에 다니는 엄마를 대신해서 어린 우리 아이들을 돌보아준 유모이기도 하다.

나는 아이들에게 아줌마 대신 '큰엄마'라고 부르게 하였다. 나이도 나보다 열 살이나 많지만, "큰엄마!"라고 부르면 더 친근감이 가고 정감이 가기 때문이다. 그래서인지 큰엄마는 우리 아이들을 친조카처럼 잘 보살펴 주었다. 큰엄마는 음식을 만들어 주기도 하고, 인생 상담, 살림의 자문역할 등 일상생활에서 온갖 푸념과 하소연을 다 받아 주는 맏언니이자 친구이기도 하다.

삼 년 전 우리가 지금 사는 새 아파트로 이사를 왔을 때, 친정어머니께서는

"큰엄마하고 우찌 같은 아파트, 같은 동에 분양을 받게 되었노? 참 보통 인연이 아니제? 너 아이들 어릴 때 얼마나 야무지게 키워 좋노? 참 고마운 사람인기라."

어느 날 출근을 하는 길에 부랴부랴 차를 한쪽에 세우고 큰엄마한테 전화하였다.

"큰엄마, 큰일 났다. 아침에 급하게 나오면서 된장국 올려놓고 가스 불을 안 끄고 나왔다. 집 타는 거 아니냐?"

"내 지금 올라 가볼게. 비밀번호가 뭐꼬?

나는 참 복 많은 사람이다. 매일같이 아쉬운 소리만 한다. 그래도 큰엄마는 싫은 내색 없이 다 받아준다.

저녁밥을 먹고 신랑과 텔레비전을 보는데 전화가 울렸다. 큰엄마였다.

"운동 갈래?"

"지금 바로 내려갈까요?"

신랑이 흘낏 쳐다보며 던지는 한 마디가 얄궂다.

"큰엄마가 니 애인이가? 내하고 거실에서 왔다 갔다 하면서 운동하면 되지. 뭐 하려고 맨날 밖에 나가노?"

신랑은 매일 자기 혼자 두고 큰엄마랑 운동 가는 마누라가 불만인가 보다.

"자기하고 큰엄마는 다르다. 큰엄마는 나한테 싫은 소리도 안 하고, 못해도 못한다고 핀잔 안 하고 내 모습 있는 그대로 다 받아 준다. 큰엄마 하고 있으면 너무 마음이 편하다."

평소에 신랑한테 하고 싶은 소리를 쏟아내고 나니, 후련하면서도 미안했다.

"내 운동하고 올게요. 자기는 자기 좋아하는 야구 경기 보고 있어요."

나는 양말을 신고 운동복으로 갈아입고 신랑에게 손 한 번 흔들어 주며 얼른 빠져나왔다.

큰엄마는 항상 먼저 기다리고 있다. 시간 약속을 정해두고도 거의 매일 나는 늑장을 부리며 늦게 나가기 일쑤다. 그래도 큰엄마는 스트레칭을 하면서 묵묵히 기다린다.

"왜 이리 늦노?"

나 같으면 이런 말을 한마디 할 만도 한데 전혀 말이 없다. 나이가 나보다 훨씬 많아도 나이티 내지 않고 언제나 차분하고 느긋한 점이 참 배울 점이다.

사람과 사람과의 인연 속에서 좋은 관계를 맺고 유지하기는 쉽지 않다. 언제나 넉넉하게 받아 주는 상대편이 있으므로 가능할 것이다.

나는 사람과의 만남을 통해 그 사람을 흠모하기도 하고, 또 나 자신의 모습을 되돌아보기도 한다.

'나도 저 사람처럼 멋진 사람이 되어야지!'

'나도 저 사람처럼 실수하지 않았을까?'

어쨌든 나는 복받은 사람이다. 이렇게 고맙고 멋진 큰엄마와 이웃하며 살고 있으니까.

이웃사촌

달리는 차 안에서 라디오 볼륨을 올려본다. 원로가수 옥희의 '이웃사촌'이라는 7080 가요를 아주 오랜만에 듣게 되었다.

"그러길래 이웃을 사촌이라 하지요. 멀리 있는 친척도 사촌만은 못해요. 그 누가 뭐래도 이 마음은 언제나 내 이웃의 슬픔을 내가 대신하지요."

초등학교 시절에 신나게 부르던 유행가였기에 아직도 기억이 생생하여 따라 흥얼거려보았다. 가사 내용을 머리카락 넘기듯 한 소절 한 소절 음미하며 불러 본다. 그러다가 무릎을 '탁' 쳤다. '그래그래. 맞다 맞다!' 고개가 절로 끄덕여졌다.

어린 시절에는 아무 뜻도 모르고 노래만 신나게 불렀는데 중년이 된 지금은 그 의미를 알겠다.

요즘 세상에는 좋은 이웃을 만나는 게 큰 복이 아닐까 싶다. 이웃을 잘못 만나 불편을 겪고 갈등이 생겨 이사까지 가는 안타까운 경우를 봤다. 그러고 보니, 나는 좋은 이웃을 만나는 인복(人福)이 있는 것 같다.

지금 사는 대단지 아파트로 이사 오기 전에는 작은 아파트에서 살았다. 그때는 현관문을 잠그지도 않고 아이들끼리도 수시로 왔다 갔다가 하며 이웃을 내 집처럼 지내던 시절이었다.

맞벌이 부부로 늘 바쁘게 살았던 우리 집은 내가 이웃에게 베푼 기억보다는 늘 이웃 신세를 지고 이웃사랑에 빚진 기억뿐이다.

어느 날, 퇴근하고 파김치가 되어 소파에 늘어졌는데, 저녁 반찬을 만들어 들고 온 12층 큰엄마, 어린아이들이 와당

탕탕 뛰어다녀도 꾹 참고 견뎌 준 바로 아랫집 할머니, 아침에 허겁지겁 출근하며 가스 불을 안 끄고 왔는지 걱정되어 전화하면 제집처럼 점검해 주던 해리 엄마, 급한 볼일이 생겼을 때 우리 아이들을 돌봐줬던 이웃 이모님들, 집에 생쥐가 들어와 야단법석을 떨 때 늦게 귀가하는 남편 대신 집으로 뛰어와 단숨에 해결해 줬던 아랫집 아저씨…….

생각해 보니, 눈시울이 뜨거워지는 고마운 분들의 얼굴이 떠오른다. 가족의 생일날이면 우리 집으로 초대하여 생일 밥상 앞에서 도란도란 이야기를 나누며 웃고 떠들던 그때 그 얼굴들.

어느 순간부터 각박하고 개인주의화되어 가는 세상, 요즘은 남에게 관심이 없고 남이 나에게 관심을 보여도 달가워하지 않는다. 아파트 엘리베이터에서 이웃을 만나도 조용하게 눈웃음과 가벼운 눈인사만 할 뿐 말을 걸지 않는다. 자칫 이웃에게 친근감을 가지고

"어느 학교에 다녀요?" 혹은 "어디 가세요?"

하고 물었다가는 오지랖이 넓은 사람으로 눈치를 받거나

이상한 사람으로 오해를 받는다. 별로 대답하고 싶지 않은데 건성으로 대답하던 이웃 사람의 기억은 비단 나 뿐일까?

가수 옥희의 흘러간 노래가 끝나니, 훈훈했던 그 시절의 얼굴들이 주마등이 되어 지나간다. 집 가까이 오는데 '카톡' 소리에 놀라 휴대전화를 확인해 본다. 아파트 아랫집에 사는 언니가 보낸 문자메시지다.

'아우님, 배추겉절이 방금 만들었어요. 군고구마 몇 개하고 겉절이 조금 담아 문고리에 걸어 놓고 갑니다.'

음식 솜씨가 좋고 인정이 많은 아랫집 언니는 맛난 먹거리가 생기면 우리 집에 나누어주기에 바쁘다.

지난번에는 가을 호두가 있어 언니 집과 반씩 나눔을 하였다. 그런데 뒷날 초인종 소리와 함께 모니터 속에 방긋 웃고 선 언니가 보였다. 호두 파운드케이크를 만들었다며 케이크 상자를 문 앞에 두고 간다기에 얼른 뛰어나갔다.

"나는 곰손, 언니 손은 금손."

인정 많은 언니는 실실 웃기만 했다.

그동안 내게 베푼 언니의 정은 김이 모락모락 피어나는

따끈한 군고구마처럼 달콤하다.

  세상이 아무리 변해도 내게는 온돌 같은 이웃이 있어 자랑스럽다. 오늘은 잠시 잊고 살았던 예전 이웃들이 더 생각난다. 다정했던 얼굴이 비눗방울처럼 둥둥 떠다니다 아쉽게도 사그라진다. 보고 싶다.

  나의 말벗이 되어 주고 나의 푸념을 받아 주며 허물없이 기댈 가족 같은 이웃에게 나도 이웃사촌이 되어 주고 싶다.

내 나이 서른에

 차창 밖으로 아름드리 배롱나무꽃이 환하게 웃는다. 초록 잎과 진홍빛 꽃의 조화가 뜨거운 여름을 잠시 잊게 해준다.
 운전면허 시험을 치는 딸을 자동차 학원 시험장으로 태우고 가는 길이다. 운전대를 처음 잡으니 차는 지그재그로 가고, 강사는 자꾸 못한다고 지적하니, 더 안되더라고 볼멘소리를 한다. 더구나 비용이 부담되어 배짱 좋게 연습을 두 번만 하고 시험을 쳤으니 합격할 리가 만무했다. 그런데 이번에는 친절한 강사를 만나 설명을 잘 해주어 자신이 있다고 한다.

딸이 운전면허시험에 도전하는 모습을 보니, 나도 이맘때의 기억이 되살아난다. 내가 배운 것 중에서 제일 어렵고 힘들게 배웠지만, 제일 자랑스럽게 자부하는 게 바로 운전면허증이다.

'내가 운전 배우기를 참 잘했어.'

나는 살아오면서 수십 번 넘게 이 말을 되뇌었다.

90년대 초반 '마이카' 시대의 열풍이 불어 운전면허 따기가 유행이었다. 나도 여름방학에 맞춰 운전면허 따기에 도전장을 내고 본격적으로 운전학원에 등록하였다.

난생처음으로 운전대를 잡고 거대한 기계 덩어리를 끌며 신기했던 그날의 기분을 잊을 수 없다. 땡볕이 내리쬐는 한낮에 무뚝뚝한 강사의 눈치를 보며 마음대로 안 되어 진땀을 흘리던 안타까운 기억도 이제는 미소로 회상하는 추억이 되었다.

맨 처음에 차에 오르니 가속 페달과 브레이크 페달의 조작법을 가르쳐 주었다. 나름 어릴 때 자전거를 타서 그런지 핸들은 조작하기가 쉽고 편하게 느껴졌다. 그런데 S자 곡선은 무난하게 되는데 S자 굴절과 T자 방향 전환이 무척이나 어려웠다. 무서움과 두려움에 땀을 뻘뻘 흘리며 '죽기 아니면 까무러치기'라는 각오로 연습에 몰입하였다.

며칠 뒤 기능시험을 보러 운전면허시험장에 들어섰다. 앞서 시험을 보는 사람을 바라보며 초조하게 대기를 하는데 가슴이 콩닥콩닥 뛰었다. 그 당시 시험장에서 차종은 현대차 '엑셀'과 대우차 '르망'이었다. 내 차례가 되어 차에 오르는데 엑셀을 타게 되어 좋아라고 했다. 정신을 가다듬고 배운 대로 코스를 왔다 갔다 하였다. 마지막 T 코스에서 시간이 많이 소요되어 난감해했는데 누군가 뒤에서 액셀러레이터를 밟고 서서 나가라고 소리 질렀다. 모두가 한마음으로 응원을 해주었다. 우물쭈물 망설였는데 불합격을 알리는 빨간색 벨이 '삐-'하며 야속하게 울렸다.

차에서 내리는데 대기하는 사람에게 부끄럽기도 하고 자존심이 상했다. 고입, 대입시험에도 재수를 안 했는데 이게 뭐라고 재수를 해야 하나? 나도 내 딸처럼 연습을 제대로 하지 않은 나를 돌아보지 않고 짜증만 내었다.

하는 수 없이 재등록을 하여 연습을 단단히 하고, 결연한 의지로 코스 기능시험에 재도전하였다. 이번에는 부담되는 르망 차에 탑승하였는데 오히려 합격하였다.

드디어 마지막 관문인 장거리 시험에 도전할 차례이다. 남자도 한두 번은 떨어진다고 들은 바가 있어 겁이 나기도 했다. 운전학원에서 강사의 도움으로 맹연습을 했다. 그렇지만, 코스와는 달리 복잡하고 어려웠다. 1차 시험에 도전했지만 떨어져 주는 게 예의인 듯 예상대로 실패하였다. 재등록을 하고 이번에는 기필코 합격하리라 칼을 갈았다.

"장사 하루 이틀 하나? 내일 불합격!"

내일이 시험인데 얄미운 강사는 반말까지 하며 불안하게 했다.

시험장에 가는 날 아침이었다. 지번에 방석을 들고 왔던 사람이 떠올라 나도 방석을 준비했다. 지하철을 한참 타고 다시 버스로 갈아타 면허시험장에 도착하였다. 대기실로 가니, 어느 중년 여자는 장거리 운전 매뉴얼을 빼곡하게 적은 종이를 보며 외우는 중이었다. 그전에 세 번 떨어졌다고 했다. 모두 철저히 준비해 왔구나 싶었다. 나도 연습을 충분히 하고 왔지만, 실기 시험이라 떨리기는 매한가지였다. 마침내 내 차례가 되어 시험대에 올랐다. 방향 지시등도 켜고 횡단보도 앞에서 잘 멈추며 순조롭게 진행이 되었다. 그런데 오르막에 이르자 뭐가 잘못되었는지 불합격 신호가 떨어졌다.

 정신없이 사람들 틈을 비집고 나와 본관 사무실로 인지를 사러 갔다. 어떤 사람의 접수증을 얼핏 보니, 인지가 한 바닥 가득 붙었다. 모두가 칠전팔기의 정신으로 도전하는 중이었다. 공중전화 부스로 가서 남편에게 울면서 또 떨어졌다고 말하던 기억이 난다. 그날 얼마나 상심을 했는지 버스가 원점으로 되돌아가는 줄도 몰랐다.

'재수 없는 그 강사를 또 만나겠구나!'

 이런저런 생각으로 넋 놓고 있는 사이에 버스는 한 바퀴 돌고 돌았다.

 다시 장거리 시험 세 번째에 도전하는 날이었다. 이번에는 충분히 연습하여 눈을 감아도 할 것 같았다. 장거리 시험장 코스를 한 바퀴 완주하고 차에서 내렸다.

"합격입니다."

합격이라는 방송을 듣고 지켜보던 사람이 부러운 듯 손뼉을 쳐주었다.

'휴! 이제 끝났다.'

지하철에서 내려 출구 쪽 계단으로 올라가는데 남편이 작은 아이를 안고 역 입구에서 웃으며 내려다보았다.

나는 결국 이렇게 힘들고 어렵게 운전면허증을 따게 되었다. 운전면허증을 받은 날은 내 인생 최고로 기쁜 날이었다.

딸아이가 기능 과목 재시험에 만점을 받아 합격하였다고 전화가 왔다.

'그래, 연습과 합격은 비례하는 거야.'

이제 세 번째 관문인 도로주행 시험만 통과하면 된다. 엄마처럼 어렵게 말고 수월하게 합격증을 받으면 좋겠다.

"딸아, 운전면허증을 따면 엄마와 함께 입이 찢어지도록 기뻐하자. 우리 서로 같은 나이에 도전한 기념으로 말이야."

말하는 초록이

초록이를 우리 집에 데리고 올 때, 주인아주머니에게 물어보았다.

"물은 언제 주면 될까요?"

꽃가게 아주머니는 이렇게 대답하였다.

"꽃이 말을 해요."

처음에 나는 의아스러웠다. 식물이 말을 한다는 게 무슨 뜻인지 궁금해하며 되물어보았다.

"꽃이 어떻게 말을 하는데요? 음악을 들려주면 잘 자란다는 말은 들었어도 식물이 직접 말을 한다는 이야기는 처음인데요?"

주인아주머니는 말없이 싱긋이 웃으며 주문한 화분의 분갈이만 계속하였다.

그렇다. 초록은 정말 내게 말을 하였다. 바쁜 일상생활에 쫓겨 다닐 때도 내게 수없이 신호를 보내주었다.

목이 마를 때는 제 옷을 벗어 거실 바닥에 떨어뜨리기도 하고, 누렇게 변한제 손끝을 내보이기도 하였다.

물론 이런 안타까운 신호만 보이는 게 아니었다. 자기에게 친절한 주인을 위해 새잎을 쏙쏙 키워 올리는가 하면 향기로운 예쁜 꽃을 피우기도 했다.

초록은 이해타산적인 인간과는 달리 아낌없이 줄 줄 알고 예의도 바른 친구이다.

초록이와 생활해 보니, 초록이고 아파할 줄 알고, 외롭고 슬픈 감정을 표현할 줄 아는 사람 같았다. 다만 무딜 대로 무딘 내가 그 신호를 느낄 수 없었을 뿐이었다.

우리는 누구에게 신호를 보내며 살아간다. 단지 그 신호를 느끼지 못하고, 받을 준비가 되어 있지 않기 때문에 상처로 남는다.

  사랑이 부족하면 소통할 수 없고, 서로에게 무관심해지면 슬퍼진다는 진리를 초록은 말해 주었다.

  초록은 우리 가족의 자랑이요, 안식처이며, 늘 우리와 함께하는 고마운 존재이다.

  나는 우리 집을 방문하는 사람에게 초록이를 소개해 주며, 칭찬도 아끼지 않는다. 그래서 초록이는 더욱더 싱싱한 자태로 자리매김하는 걸까?

2부

아버지의 하늘

아버지의 하늘

 오월, 저녁노을이 아름다운 퇴근길이었다. 운전대를 잡고 시원한 도로를 씽씽 달리던 차는 신호등 앞에서 멈추었다. 맑은 하늘에 하얀 뭉게구름이 그림처럼 둥둥 떴다.

 나는 얼른 스마트폰을 꺼내어 하늘 그림을 놓치지 않기 위해 연신 셔터를 눌렀다. 기껏 하늘을 보고 무슨 호들갑을 떠느냐고 하겠지만 참 오랜만에 보는 맑은 하늘이다. 평소에는 당연하다고 생각한 게 얼마나 소중한지 새삼 느낀다.

 올봄에는 유난히 미세먼지가 많았다. 온 나라가 미세먼지와의 전쟁을 선포하는 듯 그에 맞서기 위해 마스크, 공기

청정기 등으로 중무장했다. 거기다가 미세먼지 예보 문자 서비스까지 날아들었다.

불청객 미세먼지 점령군이 들이닥친 날에는 꼼짝없이 그 위세에 무릎을 꿇었다. 창문을 꽁꽁 닫으니, 속이 답답해졌다. 저 멀리 시야에 들어오는 푸른 산은 자욱한 연기에 둘러싸였다. 온 세상이 뿌연 미세먼지의 장막에 가려 암울했다.

중학교 3학년 여름방학이었다. 눈앞이 뿌옇게 되면서 어두운 공포가 우리 가족을 가로막고 섰다. 우리 가족의 희망과 꿈은 미세먼지 속에 갇혀 버렸다.

도서관에서 공부를 끝내고 저녁때가 되어 집으로 오니, 증조할머니께서 거실 마루에 나와 앉아 눈물을 흘리고 계셨다. 나는 가슴이 덜컹 내려앉았다.

'드디어 올 것이 오고 말았구나!'

며칠 전 아버지와 어머니의 오가는 대화 중에 아버지 직장의 간부급 직원에게 일괄 사표를 쓰게 하였다는 소리를 몰래 엿듣게 되었다.

1980년대 5공화국 시절 아버지께서는 평생직장으로 여겼던 곳에서 아무 저항도 못 하고 억울하게 퇴직을 해야만 했다. 평소에 타협하지 않고 원칙을 지키고 소신대로 행동하신 정의로운 분이셨기에 더욱 안타까웠다.

가장의 어깨는 힘없이 무너졌고, 사실을 현실로 받아들이는 데는 오랜 시간이 필요했다. 아홉 형제의 장남으로서 우리 가족의 대들보였던 아버지는 이대로 주저앉을 수가 없어 지인의 자문을 통해 소규모 수산물 가공업을 시작하였다. 하지만 이마저도 뜻대로 되지 않았다. 평생 월급쟁이로 살아오신 분이 사업으로 성공한다는 건 '계란으로 바위치기'와 같았다.

어려운 가정 형편에서도 아버지는 자녀에 대한 교육열은 잃지 않았다. 주위 친척은 장녀인 나에게 집안 사정이 어려우니, 상업학교를 졸업하고 취직을 해야 한다고 했다. 그러나 아버지는 '말은 태어나면 제주도로 보내고 사람은 서울로 보내라는 옛말이 있다'라고 하시며 오히려 나를 대처(大處)에 있는 고교로 진학시켰다.

입학식 전날, 나와 아버지는 짐을 실은 용달차를 타고 하숙집으로 왔다. 학교 갈 준비를 하는데 갑자기 입학식 때 입을 교복을 가져오지 않은 게 생각났다. 그때는 이미 아버지도 집으로 내려가셨고 너무 늦은 시간이었다. 뒷날 이른 아침, 아버지께서 내 교복을 가지고 버스와 택시를 번갈아 타고 부랴부랴 오셨다.

"빨리 입고 학교 가라."

그때 아버지가 골목길 앞에서 기다리던 나를 발견하고 달려오던 모습이 생생하다.

고등학교 3학년 때 아버지께서는 경제적 형편과 동생들을 생각하여 나의 꿈과는 전혀 다른 교육자의 길을 희망하셨다. 아버지와 입시 상담을 끝내신 담임 선생님이 나를 교무실로 불렀다.

"아버지께서 참 훌륭한 분이시더라. 높은 직위에 계셨던 분이 낮은 자세로 그런 일을 하신다니, 참 용기가 대단한 분이시다."

그 당시 아버지는 밑천이 적게 들어가는 자영업을 찾아 어머니와 함께 일을 시작하셨다. 아버지는 세탁소 사장님이 되셨다. 직원을 고용하여 직접 세탁 일을 배우고 손수 세탁 일도 하시면서 집안의 생계를 책임지셨다. 고위직에서 밑바닥까지 내려오신 아버지는 '직업에는 귀천이 없다'라고 하시며 늦은 밤이 되어서야 어머니와 귀가하셨다.

아버지의 교육열과 성실함으로 동생들도 줄줄이 대학 학사모를 쓰게 되었고, 벽에 걸린 4남매의 대학 졸업사진은 아버지의 훈장이 되었다. 비록 아버지께서 나의 대학을 결정하셨지만, 아버지의 선택은 현명하였고, 후회 없이 교직의 길을 걸어간다.

오늘같이 미세먼지 많은 날은 안개 자욱한 삶을 사시면서도 도전적이고 희생적으로 살아오신 부모님이 생각난다. 직장에서 물러나 주저앉았을 때 돌아가신 할머니께서 하신 말씀도 떠오른다.

"오르막이 있으면 내리막이 있고, 내리막이 있으면 오르막이 있다. 쥐구멍에도 볕 들 날이 있고……."

집으로 돌아오자마자 아버지께 안부 전화를 걸었다.

"아버지, 별일 없으시죠?"

"너는 별일 없나? 어제까지 미세먼지가 엄청 심하더니만 오늘은 공기가 참 맑다."

어둠 속의 긴 터널에서도 한 줌 빛줄기를 찾아 헤매셨던 아버지의 쩌렁쩌렁한 목소리가 푸른 하늘로 퍼져간다.

바나나에 대한 추억 하나?

밤마실을 나갔다. 초여름인데도 밤공기가 서늘하고 상쾌했다. 올해는 서풍이 아닌 북풍이 불어서 미세먼지도 없고, 공기도 시원하다고 한다.

발끝은 자연스럽게 동네 마트로 향했다. 밤늦은 시간에는 할인행사를 하여 싼 맛에 구매하는 재미가 쏠쏠했다. 먼저 과일을 진열한 곳으로 갔다. 형형색색 원색의 과일이 마치 팔레트에 담긴 물감처럼 화사했다. 몇 해 전만 해도 외국 여행지에서만 먹었던 열대 과일이 보였다.

과일에도 국적, 모양, 빛깔이 다양한 다문화 시대가 왔는가 보다. 먼 이국땅에서 물 건너온 수입 과일이 친근했다.

　바나나, 망고, 용가, 체리, 골든 키위, 망고스틴, 파파야, 아보카도…….

　알록달록 천연 색깔의 과일은 저마다 특유한 맛과 모양을 뽐내며 당당하게 얼굴을 내밀었다. 근데 이 많은 수입 과일 중에 유독 마음을 잡아당기는 과일이 성큼 다가왔다. 거인이 샛노란 손바닥을 부채처럼 펼치고 손가락이 여러 개 가진 형상이다.

　바·나·나

　70년대 중반 초등학교 시절에 남도 소도시에서 살았다. 시내 중앙시장에 가면 '특수과일' 간판을 붙인 크고 고급스럽게 보이는 과일가게가 자리했다. 옆집 과일가게와는 달리 파인애플, 바나나와 같은 신기한 과일들이 주렁주렁 매달아 놓았다. 그 앞을 지나면 자연히 발걸음이 멈추어지고, 비싼 가격표를 붙인 과일을 물끄러미 구경만 하였다.

　'도대체 이 비싼 과일은 누가 사 먹을까?'

　어린 마음에 누가 이런 과일을 사 먹는지 궁금하였다.

그 시절 바나나는 나에게 동경의 대상이며 매력적인 과일이었다. TV 프로그램 '밀림의 왕자 타잔'에서는 원숭이가 바나나를 맛깔스럽게 먹는 장면을 자주 보았다. 나도 원 없이 저 바나나를 먹고 싶다며 원숭이를 부러워했다.

초등학교 4학년 때 우리 집 마당에는 바나나 나무가 한 그루를 심었다. 당연히 여름이면 바나나가 열릴 줄 알고 엄청나게 기대하였다. 그러나 해마다 잎은 무성하게 자라는데 열매는 달리지 않아 실망했다. 그 후로 바나나는 동화책 속의 예쁜 공주님이나 부잣집 딸이 먹는 과일이라며 포기해 버렸다. 바나나는 TV 화면이나 그림에서나 보는 환상의 과일이었다.

열대우림 지역에서 자라는 바나나가 한국에서 열매를 맺기는 만무하다. 요즘은 기후 온난화 현상으로 우리나라에서도 재배한다고 하니, 지구의 환경을 생각하면 참 아이러니하다.

중학생이었던 어느 날 아침, 자고 일어나니 내 책상 위에 낯선 누런색 봉투가 놓여 있었다. 벌어진 봉투 입구를 살짝 열어보니, 노랗고 탐스러운 바나나 네 개가 들어 있었다.

그림에서 본 것과 같은 바나나를 들고 방방 뛰면서 소리 지르며 얼마나 좋아했는지. 며칠 전에 서울로 출장을 가셨던 아버지가 간밤에 두었던 바나나였다.

아버지는 가끔 출장을 가시면 회사에서 받은 출장비를 아껴 우리 사 남매를 위한 선물을 사 오셨다. 이번에도 식사와 숙박 시설을 저렴한 곳으로 이용하시고 남은 여비로 사 오신 모양이다. 그런데 비싸고 귀한 바나나가 너무 아까워 빨리 먹지도 않고 동생들과 핥아가며 조금씩 조금씩 베어 먹었다. 그날 이후 아버지 덕분에 바나나에 대한 환상은 사라지고 나도 바나나를 먹어봤다는 자부심이 생겼다.

잠시 마트 자판에서 봉지에 든 바나나를 살펴본다. 필리핀에서 비행기 타고 건너온 바나나 봉지에는 할인 스티커가 붙었다. 오동통한 바나나가 6개 달렸는데 큰 사과 한 개보다 싼 가격이다. 그 시절, 서민에게는 귀하고 비싼 과일이 이제는 값싸고 쉽게 먹는 신세로 변했다.

바나나 봉지를 이것저것 들어가며 살까 말까 망설인다. 예전에는 우유와 바나나를 믹서기에 드르륵 갈아서 즐겨 마셨다. 요즘은 혈당을 조절해야 해서 바나나를 사 가도 잘 먹지 않는다. 껍질에 주근깨가 생기고 검게 변할 때까지 손이 가지 않을 때가 많았다. 그래도 나는 바나나 작은 뭉치를 들었다. 점박이가 되기 전에 먹거나 남편에게 양보하면 되니까.

   샛노란 미모의 바나나는 과일의 귀족이었지만 지금은 소박한 평민이 되었다. 그래도 평민으로 내려간 바나나가 더 친근하고 정이 간다. 아버지는 자식을 생각하며 바나나를 사 오셨다. 가격이 비싸니 많이 못 사고 한 개씩 맛만 보라고 사 오셨을 거다. 서울에서 버스를 타고, 시골 남도까지 한나절이 넘게 걸리는 장거리 출장길이었다. 자식을 위해 여비를 아끼며 귀한 바나나를 사서 품에 끼고 오셨던 아버지!

   아버지의 사랑처럼 샛노란 색이 점박이가 되어 검게 변하고 익어 갈수록 맛은 더 달콤해지는 바나나! 아흔이 된 연세에도 늘 변함없는 사랑을 주시는 아버지처럼 바나나는 검게 늙어도 여전히 단맛이다.

   나는 오늘도 바나나 한 입을 베어 물며 그날을 추억하고 아버지의 사랑을 떠올렸다.

선물

 잠이 보약이듯이 나는 몸이 피곤하거나 마음이 울적할 때는 잠을 청한다. 베개에 머리를 대고 눈을 감으면 마취주사를 맞은 듯 스르르 잠 속으로 빠져든다. 솔직히 잠자리에서 대(大) 자로 편안하게 누운 그 순간이 더 좋다.

 사람은 인생의 삼 분의 일을 잠으로 보낸다고 한다. 누구는 잠자리가 바뀌면 잠을 못 잔다고 하지만 나의 잠은 어디에서도 낯을 가리지 않고 수면시간도 마음먹기에 달렸다. 속눈썹 스위치만 누르면 서서히 잠의 늪으로 빠져드니 이것도 재주라고 할까?

그건 아마도 어릴 때부터 몸에 밴 우리 집 수면 문화의 영향인 것 같다. 부모님은 피곤하면 무조건 자라고 권유하였고, 잠을 충분히 자야 건강하다는 말을 늘 듣고 자랐기 때문이다.

최근에는 잠이 건강에 미치는 영향에 대한 과학적인 연구보고가 많다. 수면은 신체의 일부 면역세포가 병원체 같은 표적을 공격하는 능력을 향상한다고 한다. 의학이 발달하지 않은 시절부터 벌써 우리 조상은 이미 잠의 중요성을 알았다.

요즘 옆지기는 낮잠을 잘 때, 토끼잠을 자고 금방 깨어 버리는 본인에 비해 세상모르고 늘어지게 자는 내 모습이 마냥 부럽단다. 특히 늦은 밤 마시는 카페인에도 반응할 줄 모르는 무딘 체질을 타고났으니 더욱 그렇다.

"너는 잠하고 결혼했나? 틈난 나면 자노?"

신혼 시절, 시어머니의 농담 섞인 말씀을 떠올리며 남편은 이런 나의 모습을 놀리기도 한다. 한 번 자면 엿가락 늘어지는 듯 자는 나를 향해,

"아무래도 당신한테는 곰의 유전자가 있는 것 같다."

라고 툭 던진다. 나의 하루 일상이 여름날 작열하는 태양과 같으니 당연한 거 아닌가?

그렇지만 무더위가 기승을 부리는 요즘은 밤잠을 설치기도 하고 잠을 자면서도 여러 번 뒤척이게 된다. 무더운 8월은 미운 계절이다. 에어컨 바람을 싫어하는 나에게 끈적끈적한 무더위는 형벌로 느껴질 때가 한두 번이 아니다.

오늘은 거실로 이부자리를 들고나와 잠을 자 보려고 하지만 쉽지 않다. 새로 장만한 시원한 인견 이불도 내 잠을 불러오지 못하니 큰일이다. 그 순간 머릿속에서 번쩍 떠오르는 게 하나, 얼른 안방으로 들어가 장롱문을 열고 그것을 찾는다.

그해 여름날, 아버지와 어머니는 시외버스를 타고 우리 집으로 찾아오셨다. 시집보낸 딸네 집을 처음으로 방문했다. 7월 더위에 엘리베이터도 없는 5층 아파트를 걸어 땀을 뻘뻘 흘리며 올라오셨다. 엄마는 들고 오신 보자기를 풀고 아이보리빛 삼베 홑이불 세 채를 내놓으셨다. 더위를 많이 타는 딸을 위해 여름날 삼베 이불을 깔고 덮고 하여 시원한 밤을 지내라는 부모님의 마음이 고스란히 배인 선물이었다. 우리 조상들은 여름이면 삼베로 이불과 옷을 만들어 무더운 여름을 이겨냈다. 아버지도 하얀 모시이불을 덮고 주무시던 모습이 기억난다. 아버지의 여름 이불은 파란색 작은 꽃무늬로 테두리를 댄 하늘하늘한 모시 천이었다.

 나는 장롱 이불장에서 꺼낸 삼베 홑이불을 만져본다. 올해로 첫아이가 서른 나이가 되었으니 그 이불도 적잖게 오래됐다. 이불을 깔고 덮으니 지리산 골바람이 부럽지 않다. 빳빳하고 찹찹한 느낌이 좋아서 목 밑까지 끌어당겨 본다. 세월이 흘러 늘어지고 닳아서 구멍이 숭숭 드러난 곳도 생겼지만, 아직도 삼베 천이 품어 내는 냉기는 여전하다.

 여름의 소중한 친구인 삼베 이불은 서늘한 바람이 이는 가을 초입이면 갈무리를 하여 넣어둔다. 햇빛 좋은 날 세탁을 하여 빨랫줄에 널어두면 물결이 이듯 바람에 팔랑팔랑 춤을 춘다. 풀을 먹인 이불이 하얀 국수 가락처럼 햇볕을 쬐며 늘어진다. 시원한 공기가 네모반듯한 구멍들 사이사이를 왔다 갔다 들락거리며 젖은 몸을 말려 준다.

'내년에도 또 만나자. 안녕!'

하고 인사를 한다.

잠을 잘 자는 것도 청복(淸福)이라 생각하니 한편으로 감사한 마음이 들기도 하고, 삼베 이불에 녹아든 부모님의 사랑은 더 큰 은혜로 다가온다.

추억여행

 부모님을 모시고 사십 년 만에 고향 집을 찾아가는 길이었다. 평일이라 고속도로는 한산했다. 날씨는 화사하며 하늘은 푸르고 맑았다. 산에는 신록이 우거져 녹색 주단을 펼쳐 놓은 듯 눈부시며 분홍빛 배롱나무들의 행렬이 눈을 호강시켜 주었다.

 고속도로를 신나게 달려가던 우리는 공룡휴게소에서 잠시 쉬기로 하였다. 휴게소 이름처럼 한쪽에는 공룡 마스코트를 장식하여 휴게공간을 공원으로 조성해 놓았다. 벤치에 앉아서 고개를 드니, 웅장한 푸른 산이 내려다보였다.

동생과 준비해 간 간식을 부모님과 나누어 먹고, 다시 목적지를 향해 내달렸다.

 맨 먼저가 보기로 한 곳은 고성 철뚝 바다이다. 살며시 눈을 감아 보았다.

 어린 내가 철뚝 바다를 향해 걸어간다. 할아버지, 할머니가 사시는 섬으로 가는 길이다. 길 오른편에는 갈대밭이 끝없이 펼쳐져 있고, 왼쪽에는 작은 집이 게딱지처럼 이어졌다. 산비탈에도 계단처럼 집들이 버티고 섰다.

 섬으로 가는 여객선은 하루에 한 번뿐이다. 오후 3시 30분에 떠난다. 철뚝 부둣가에는 맘씨 좋은 키 작은 엿장수 할아버지가 계신다. 엿판에는 다양한 종류의 엿이 가득하다. 타래엿, 깨엿, 콩엿……. 동전 십 원을 내면 하얀 밀가루가 발린 길쭉한 엿을 건네준다. 큰 가위로 소리를 내시던 엿장수 할아버지의 갈색 중절모자가 뿌옇게 떠오른다.

 여객선에는 작은 방이 있다. 그 방안에는 할머니 동네의 낯익은 사람이 도란도란 이야기꽃을 피운다. 갑판에는 섬사람이 옹기종기 모여 있고, 장날에 산 새 물건과 짐들이 가득하다. 선주는 빨간빛 돈주머니를 들고 사람에게 뱃삯을 받으러 다닌다. 불룩한 빨강 주머니에는 십 원짜리 금돈이 가득하다. 나는 그 선주가 어마어마한 부자인 것 같아 부럽다. 배가 섬을 통과할 때마다 승객의 숫자는 줄어든다. 썰렁하다. 배는 할머니가 사시는 섬에 마지막 손님을 풀어 준다.

어느 여름날, 삼촌과 배를 타고 할머니 집으로 가는 길이었다. 갑자기 시커먼 먹구름이 자욱하더니, 천둥이 치고 비바람이 몰아치기 시작했다. 성난 파도에 뱃머리가 들리고 널뛰기하듯 껑충 뛰어올랐다가 내려앉았다. 비바람은 선실 유리 창문을 사정없이 내쳤다. 마침내 할머니가 사는 섬에 도착했다. 마중 나온 할머니와 고모가 부두에서 나의 이름을 부르며 손을 크게 흔들었다.

"누운 섬(와도)"

갑자기 섬 이름이 입속에서 튀어나왔다.

눈을 뜨니 철뚝 가까이 왔다. 겨울바람에 획획 쓰러질 듯 흔들리던 키다리 갈대들은 보이지 않았다. 그 자리에는 여중 학교가 생겼고, 아파트가 들어섰다. 추억 속의 작은 철뚝 바닷가에는 지중해의 조용한 마을처럼 이국적인 배들과 흰색 요트도 여러 채 정박해 있다. 작은 식당 건물이 있던 자리는 대형 간판을 내건 회센터로 변했다.

나는 엿장수 할아버지의 손수레가 있던 자리를 더듬으며 어머니와 부두를 걸었다. 이제는 배가 닿지 않는 부두다.

우리는 회센터에서 옛 추억을 씹으며 점심을 맛나게 먹고 어릴 적 살던 집을 찾아 나섰다. 한참을 돌았다. 분명히 여기쯤인데 주위에 새집과 건물로 바뀌어서 찾기가 쉽지 않았다.

"언니야, 이 골목길을 한 번 따라서 올라가 보자."

동생의 말을 듣고 비스듬하게 경사진 골목길을 50m 정도 걸어가니, 커다란 정자나무가 보였다.

"아! 맞다. 이 길….'

머릿속에 오므리고 있던 옛 골목의 기억이 차례차례 일어서기 시작했다. 어느새 내 발끝은 친구 집 대문 앞까지

가게 되었다. 대문을 살짝 밀어 보았다. 굳게 잠겼다. 초등학교 4학년 때 만화를 잘 그리던 그 단짝 친구는 어디서 어떻게 지낼까?

드디어 굽이굽이 골목길을 돌아서 옛집 가까이 도착했다. 초등학교 4학년 때까지 남의 셋집만 전전하던 우리가 처음으로 집을 장만한 곳이다. 증조할머니, 할머니, 고모, 모두 아홉 식구가 살았던 집이다. 남의 집에 살다가 우리 집이 생겼다고, 우리도 부자가 되었다고 얼마나 좋아했던가!

그때는 하늘색 슬레이트 지붕이었는데 지금은 주홍색 기와집으로 변신했다. 아버지께서 대문을 살짝 손으로 미니, 파란색 철문이 뒤로 밀려난다. 주인의 양해를 구하고 난 후 마당으로 들어섰다.

사십 년 만에 찾아온 옛 주인을 제일 먼저 화단의 나무가 반겨주었다. 사철나무와 호랑이 발톱 나무가 눈에 들어왔다. 내가 성장한 만큼 나무도 우람하게 자랐다. 마당 옆 목욕탕에는 하늘색 타일을 두른 욕조가 사십 년 세월에도 그대로였다. 놀랍다. 그때 어린 눈에는 우리 집이 제일 좋고 마당도 엄청나게 커 보였는데, 지금은 지붕도 낮고 마당도 크지 않은 아담한 집이다. 그래도 이 마당에서 할머니 환갑잔치도 하고, 아홉 식구가 옹기종기 건강하게 잘 살았으니, 참으로 고마운 집이다.

옛집을 나오는데 그때의 아련한 추억도 따라 나와 한동안 골목길을 서성대었다. 국화잎을 따서 예쁜 국화전을 구워주시는 어머니, 할머니는 새알 빚은 동지팥죽을 끓이시고, 막내 고모는 내 손톱에 봉숭아 꽃물을 들였다. 해질녘 좁은 골목길에는 아이들의 목소리가 넘쳐나고 동생들의 웃음소리도 들리는 듯했다.

우리는 골목을 벗어나 큰길로 나가 봤다. 그때의 떡 방앗간, 이발관, 문방구, 서점, 옷가게 등 익숙한 가게가 그 자리를 지키고 섰다. 아직도 간판 이름이 그대로인 곳도 있어 가게 안을 기웃거려 보았다. 하지만 모두가 낯선 얼굴이었다. 우리는 아버지가 근무하시던 직장을 둘러보고 읍내를 한 바퀴 돌아보았다. 나의 유년 시절과 부모님의 젊은 시절이 공존하는 고향 마을이다. 나는 이만큼 자라서 중년이 되었는데 고향 집과 골목길은 묵묵히 고향을 지킨다. 서로 의미가 사뭇 다르기는 하지만, 야은 길재의 옛시조 '산천은 의구하되 인걸은 간데없다.'라는 구절이 떠올랐다.

사십 년 만에 부모님과 찾은 고향 나들이는 아쉬움을 남겨 놓은 채 막을 내려야 했다. 사십 년 전의 모습과 지금의 모습이 교차하고 대비되어 혼란스러웠지만, 타임머신을 타고 노닐다 온 추억여행이었다. 그 자리에는 아직도 묵묵하고 강하게 사셨던 할머니와 부모님의 따뜻한 온기와 그림자가 남았다.

썰물처럼 지나간 하루였지만 부모님과의 추억여행 2탄을 기대해 보면서 아쉬움을 달래본다.

연상(聯想)

 우리는 어떤 사물을 눈으로 보든지 코로 들어오는 냄새를 느끼든지 또는 소리를 들으면 반사적으로 그와 연관된 추억을 떠올린다. 또 그 추억 속으로 빨려 들어가는 경험을 갖는다. 마치 마인드맵을 그려나가듯 사슬처럼 연결되는 지난 기억을 회상하고, 그 추억을 떠올려 보기도 한다.

 저녁 설거지를 끝내고 남편과 산책하러 나갔다. 아파트 주위를 도는데 어디선가 나무 태우는 냄새가 났다.

 나는 남편에게 어떤 냄새를 맡으면 떠오르는 기억이나 추억이 생각나느냐고 물었다. 그랬더니 남편은 기다렸다는 듯이 바로 대답했다.

지난번에 가랑비가 내리던 날 촉촉한 흙길을 걸을 때였다. 흙냄새가 후각을 후비며 확 올라왔을 때 어릴 적 시골 뒷산에서 도토리를 줍던 기억이 떠오르더라고 했다. 바람이 불고 비가 내린 뒷날에는 도토리가 엄청 많이 떨어져서 친구와 도토리 줍기 내기를 했다며 동심으로 돌아가는 듯 잠시 말이 없었다.

나무 타는 냄새는 공중을 가르며 퍼졌는데, 그 냄새의 진원지가 궁금한 나는 고개를 두리번거렸지만 찾을 수가 없었다.

나는 남편에게 나무 타는 냄새가 너무 좋다고 했다. 남편도 산골 출신인지라 어떤 냄새를 말하는지 금방 이해했다. 옛날 시골에 가면 타작마당이나 집 마당에서 나무나 짚을 태우는 냄새를 말하는 것임을 알아채고 공감해 주었다. 이것은 다이옥신이라는 발암물질이 나오는 역겨운 냄새가 아닌 향긋한 자연의 냄새였다.

코끝을 스치는 이 냄새를 맡으니 내 유년 시절이 겹쳤다.

나는 어릴 적 섬마을 할머니 댁에서 자랐다. 마을 가구 수는 18호쯤 되는 아주 작은 낙도였다.

뒤로 돌아보면 산이 있고 앞을 보면 바다가 보이는 한적하고 작은 어촌 마을이었다.

그날은 할머니께서 읍내 장에 가시기 위해 이른 아침 부엌에서 아침밥을 준비하고 계셨다. 부엌 한구석에는 산에서 구해 온 나뭇더미와 마른 솔잎인 갈비가 한 짐 재워져 있었다. 겨울이 되면 할머니는 갈고리를 들고 땔감을 구하러 산에 가셨다. 갈고리로 마른 솔잎인 갈비를 긁어 짚으로 묶어서 머리에 한 짐 이고 오셨다. 나도 덩달아 머리에 이게 해 달라고 조르면 할머니께서 한 다발 만들어서 머리에 얹어주셨다.

때로는 시퍼런 솔가지를 똑똑 분질러 꺾어서 아궁이에 집어넣으면 매캐한 연기와 함께 눈물이 날 정도로 매운 기억이 선연하다.

거북등 같이 평퍼짐한 무쇠솥에서는 식구의 밥이 익어 가고, 나는 할머니 옆에 쪼그리고 앉아 아궁이 속 불이 뻘

졓게 타들어 가는 모습을 지켜보며 그 야릇한 냄새를 콧구멍을 벌렁거리며 맡았다.

어느덧 밥이 되어가면 무쇠솥 뚜껑 밑으로 밥물이 줄줄 흘러내리기 시작했다.

나는 작은 손바닥을 부채처럼 펼치고 불을 쬐면서

"조모, 밥솥에서 눈물이 나온다."

"밥이 잘 되었는가 보자."

할머니께서는 기다란 나무 주걱을 밥솥에 넣고 밥을 한 번 휘휘 뒤집고는 행주로 솥뚜껑의 눈물을 닦아주었다.

나는 나무가 타면서 풍기는 냄새를 즐기며 검게 탄 부지깽이로 땅바닥에 그림을 크게 그렸다.

할머니는 내 유년의 추억 속에서 가장 큰 자리를 차지하시는 분이다. 아홉 자식을 얻고 맏아들의 장녀인 나를 애지중지 귀여워하셨다. 나도 강아지처럼 할머니를 졸졸 따라다녔다.

보름달이 손바닥만 한 동네를 비추는 하얀 밤이 되면 할머니는 나를 등에 업고 동네 마실을 가셨다.

할머니 등에 머리를 파묻고 할머니가 걸음을 떼실 때마다 고무신이 길바닥에 닿으면서 내는 마찰음에 귀를 기울였다. 그 소리는 규칙적인 리듬을 반복하며 편안한 음악으로 다가왔다.

할머니는 맨발에 납작한 흰색 코고무신을 즐겨 신으셨다. 그 고무신이 피부와 닿아 바람 빠지는 소리를 내고 다시 고무신 바닥이 땅바닥에 닿으면서 또 다른 소리를 만들어 내는 게 어린 나이에도 참 신기하고 듣기 좋았다.

나는 어디선가 흘러오는 나무 타는 냄새를 맡으며 유년 시절의 아름다운 추억에 젖었다. 지금은 할머니를 만날 수도, 볼 수도 없어 아릿한 추억으로 남았다. 그렇지만 내 뇌리에 간직하는 그 냄새만은 나를 할머니와 만나게 하는 묘한 힘이 되었다.

어쩌면 나는 냄새를 추억하기보다는 보고 싶은 할머니를 더 그리워하는지도 모를 일이다.

붉은 장미꽃

　5월의 봄빛이 찬란하게 내리쬐고 초록 잎이 그 깊이를 더해 가는 화사한 계절이었다. 부모님을 모시고 나들이 갈 마음에 전화로 여쭈어보았다.

"엄마, 코로나도 수그러드니, 주말에 아버지하고 코에 바람이나 쐬고 옵시다."
"너 안 바쁘나? 피곤한데 좀 쉬어야지? 너희 아버지한테 얘기해 볼게."

우리 부모님은 자식들의 이런 제안에 선뜻 답해 주시지 않는다. 엄마는 가고 싶어도 아버지 눈치를 보느라 아버지께 선택권을 넘긴다. 아버지는 자식들이 여행이나 외식을 권유하면 한 번에 승낙하는 법 없이 꼭 튕긴다. 매번 자녀들이 돌아가며 전화하고 설득해야만 겨우 허락하신다.
　"아버지, 또 안 간다고 빼시나?
　우리는 아버지는 원래 한 번쯤 우겨야 하니, '우리가 알아서 결정하면 된다.'라는 결론을 내렸다. 막상 모시고 가면 좋아하시고 음식도 맛있게 잘 드시면서 짐짓 내숭을 떠신다. 이번에도 너무 오랫동안 집안에만 갇혀서 지내면 건강에도 해가 된다는 걸 강조하여 겨우 허락을 받아냈다.

　부모님을 모시러 아파트 단지로 가니, 벌써 입구까지 나와 기다리고 계셨다. 자식이 한 발이라도 덜 올라오게 하기 위한 배려이다. 구순을 앞둔 노신사는 양복에 베레모를 쓰시고 끈 달린 가방까지 어깨에 메고 계셨다. 엄마도 질세라 밝은 꽃무늬 블라우스에 머리 손질도 하여 함박꽃같이 예뺐다.

엄마, 아버지는 차에 오르자마자,

"아이고! 오늘 좀 편하게 쉴 텐데 우리 때문에 이 고생을 하네!"

듣고 보니, 미안함과 고마움이 반반 섞인 말씀이었다. 아버지의 거절은 자식의 권유가 내심 반갑고 좋긴 했지만, 자식에게 폐를 끼치지 않으려는 심산이었다.

차가 출발하자 아버지는 정치 이야기부터 신문에서 읽은 정보와 지금까지 살아왔던 이야기까지 실타래가 술술 풀기 시작했다. 코로나로 집에만 계시다가 자식들을 만나니, 온갖 이야기가 비 온 뒤 폭포수처럼 쏟아졌다. 아버지 이야기 중에는 여러 번 듣기도 했지만, 장단과 박자 그리고 추임새를 넣으며 재밌게 들었다. 엄마도 신바람이 났는지 차창 가에 스치는 봄꽃의 군무를 보며 감탄을 연발하셨다. 어릴 적 부모님은 우리를 데리고 산으로 바다로 많은 구경을 시켜

주셨다. 맛난 음식도 손수 만들어 건강하게 자라게 해 주셨고, 예쁜 옷을 지어서 입혀 주시기도 하였다. 이제는 거꾸로 되었다.

  점심을 먹고 봄꽃이 흐드러지게 핀 화원으로 안내하였다. 좀 더 많이 보여드릴 줄 욕심에 부모님 체력을 생각하지 않고 많이 걸었다. 그런데도 힘들다는 말씀도 안 하시고 어린아이처럼 잘 따라오셨다. 어릴 적 우리가 부모님을 따라다녔던 것처럼. 올망졸망 고개를 내민 빨간 덩굴장미가 울타리를 짓는 곳으로 갔다. 붉디붉은 장미가 우리 부모님의 사랑만큼이나 아름답게 피었다.

따뜻한 밥상

달력을 눈여겨본다. 다가올 친정아버지 생신 날짜를 음력으로 확인해 보는 중이다. 해마다 평일이었는데 올해는 일요일이라 생일날에 맞춰 생신상을 차리겠다.

생신을 보름 앞두고 가족 카톡방에는 아버지 생신 모임에 대한 동생들의 의견이 분분했고, 결론은 각자 음식을 한 가지씩 준비해오기로 마무리되었다.

그런데 가족 모임을 사흘 앞둔 오늘 아침, 아버지가 전화하셔서 생신 모임을 취소하라고 하셨다. 일기예보를 보니, 이번 주말에는 비가 엄청나게 내린다고 하니 생신 모임을 생략하자고 강하게 말씀하셨다. 당신 때문에 바쁜 자식들을 성가시게 하지 않겠다는 배려이자 자존심이었다. 혹시 작년 아버지 생신 때의 일 때문에 그런 결정을 하셨는가 싶어 자꾸 마음이 쓰였다.

주로 집안 행사 날이면 여자들은 음식을 준비하고 먹은 걸 치우느라 고단하고 힘이 들었다. 가부장적인 성격이 강한 우리 친정도 마찬가지였다. 하지만 아버지께서는 그렇게 말씀하셔도 자식 된 도리로 어떻게 모른 체하고 지나가겠는가? 올해로 여든한 살인 아버지와 이 세상에서 함께할 날이 점점 줄어든다고 생각하니, 더 잘 해 드려야 되겠다는 마음이 간절해졌다.

작년 생신날 저녁에도 가족이 푸짐한 식사를 끝내자, 먹고 남은 음식 뒷정리와 설거지는 당연하게 여자들 차지가 되었다. 그렇다고 사위를 시킬 수도 없는 일이었다.

엄마는 남은 음식을 챙겨 넣고, 여동생과 올케는 설거지, 나는 남자들의 후식을 준비하느라 과일을 깎고, 막내 여동생은 차를 끓여 낸다고 바빴다.

드디어 설거지가 끝나자, 막내 여동생이 엄마와 장녀인 나에게 한마디 던졌다.

"내년에는 이렇게 번거롭게 하지 말고 밖에서 먹자. 올케언니도 너무 고생이고, 엄마도 준비한다고 수고가 많은데 나는 도와주지 못하니까 미안해서 안 되겠다."

그러자 친정엄마가 되받아서 한마디 하셨다.

"작년에 중국식당에서 생일잔치를 하니, 일도 없고 편해서 좋더라 마는 뒷날 아침은 어찌하나?"

엄마는 이러나저러나 음식 준비는 해야 한다는 말씀이었다. 아무리 아침밥을 간단히 먹는다고 해도 반찬도 만들어야 하고 국도 끓여야 하는데 외식 한 끼로 끝나는 게 아니라는 뜻이었다.

동생은 지지 않고 볼멘소리로 말했다.

"요새 집에서 생신상 차리는 집이 어디 있나? 좋은 식당도 많은데 밖에서 한 끼 해결하면 되지. 여자들이 뭔 고생이고?"

엄마가 듣기에는 가슴 철렁하는 소리였다. 아홉 형제의

맏며느리로 시집와서 반백 년 동안을 삼시 세끼 밥상을 차리고 살림만 하신 분이다. 엄마의 사고방식으로는 일 년에 한 번 치르는 아버지 생신상 차리는데, 자식들이 힘들다고 투덜대는 모습이 못마땅하게 여겨지고, 한편으로는 요즘 시대가 그러니 이해도 해주실 거라고 생각되었다.

어릴 적 가족의 생일이면 할머니는 생일상을 차려 놓고 먼저 조상에게 두 손 모아 가족의 건강과 소원을 빌어주었다. 가족이 옹기종기 모여 앉은 그날 밥상은 가족들의 사랑이 승화되는 아름다운 밥상이었고, 정성이 담긴 따뜻한 밥 한 끼는 위로가 되고 용기가 되었다.

그런데 요즘은 어떤가? 바쁜 생활에 지친 우리는 음식준비에 시간과 에너지를 소모할 여력이 없다. 외식산업의 발달로 돈만 들면 얼마든지 좋은 분위기에서 편하게 생일잔치를 한다. 힘들게 레시피를 짜고 재료를 사고, 만드는데 따로 시간을 허비하지 않아도 된다. 조상들이 정성이라고 당연시했던 이것을 오히려 고전적인 발상이라 생각하고 내용이 중요하지 형식이 뭐 중요하냐고 반문하기도 한다. 우리는 너무 편안함에 길들고 익숙해진 걸까? 아니면 합리성을 핑계로 가족의 따스한 정을 망각하며 사는 것인가?

　나는 수화기 너머에서 전해 오는 아버지의 당부를 듣고 전화를 끊었다. 사실은 나도 많은 비가 온다는 일기예보를 듣고 동생들이 장거리 운전을 해 오는 게 내심 걱정되어 아버지 말씀에 동의했다.

　가족 카톡방을 열어서 동생들에게 아버지 말씀을 그대로 전하고 내 뜻도 전달하였다. 잠시 뒤, 남동생이 '누나야, 태풍이 불어도 간다.'라고 올렸다. 여동생들과 올케는 아버지는 원래 자식들을 생각해서 그렇게 말씀하시는 분이니 아버지께 비밀로 하고 약속대로 진행하자고 하였다.

　동생들의 마음 씀씀이가 너무 정겨웠다. 사실은 아버지 생신을 축하하는 자리이기도 하지만, 이런 기회로 가족 간의 우애를 다지는 자리이기도 했다. 나는 돌연 생신 모임 장소를 우리 집으로 하기로 마음을 정하였다.

　아버지 생신날이 되니, 억수같이 비가 내린다는 기상청의 일기예보는 실없게 되었고, 손님맞이를 준비하던 나는 친정 부모님께 전화를 드려 집으로 저녁 식사를 하러 오시라고 하였다.

동생들에게도 카톡을 넣었다.

'사랑하는 아우들아, 우리 집으로 바로 와. 오늘 저녁밥은 우리 집에서 먹는 거야.'

그런데 고집을 부리고 안 오실 줄 알았던 아버지께서는 의외로 알았다고 하시면서 좋아하는 눈치였다. 부모님께는 일급비밀로 해 두었던 우리의 작전이 성공한 셈이다.

자식들이 걱정되어 안 왔으면 하는 마음도 진심이고, 보고 싶은 자식들이 온다니까 반가운 마음도 진심인 것이다.

하늘도 우리 아버지 생신을 축하해 주는지 아버지의 마음을 알고 오전에는 비를 조용하게 뿌려 주더니, 오후에는 뚝 그치게 해주었다.

약속된 시간이 다가오자 초인종이 울렸다. 모니터에는 남동생 가족과 친정 부모님의 모습이 보인다. 남동생이 오는 길에 부모님을 모시고 왔나 보다. 집안으로 들어서는 반가운 가족의 얼굴이 함박꽃으로 피어났다.

오늘 저녁에는 아홉 식구가 살았던 어릴 적 우리 집처럼
사람의 훈기가 모여들고 온 집안이 들썩거리겠구나!

못생긴 고구마의 매력

　이웃집 형철이가 호박고구마 한 상자를 선물 받았다면서 우리 집에 몇 뿌리 건네주고 갔다.

　그런데 그 고구마 중에서도 덩치가 무만큼이나 커서 볼품없어 보이는 고구마가 한 개가 눈에 띄었다. 삶아 먹기에도 너무 크고, 우습게 생긴 그 고구마를 뒤 베란다 한쪽에 며칠째 내버려두었다.

　어느 날 그 못생긴 고구마를 요긴하게 쓸 궁리를 생각해 내었다. 둥글고 넓적한 수반에 담아 싹을 틔우기로 했다.

　온몸에 물을 흠뻑 적시고 수반에 반쯤 잠긴 고구마는 일주일이 지나도 아무 반응이 없었다.

'못생긴 게 싹도 틔울 줄도 모르네.'

나는 아직 맨몸으로 제 할 일을 못 하는 고구마가 얄미워서 혼자 중얼거렸다.

잠시 잊고 지낸 지 며칠 뒤, 그 못생긴 고구마 배꼽에서 자줏빛 작은 싹이 돋아 나왔다. 그러다가 하루하루 다르게 고구마 줄기는 무섭게 뻗어 나갔다. 아마존 밀림 속의 나무처럼 순식간에 몇 가닥의 줄기로 덩굴을 만들었다.

이제는 그 못생긴 고구마가 우리 집 거실에 몇 평을 차지하고 당당하게 자리매김했다. 날마다 우리 가족에게 싱싱한 볼거리도 제공하고, 신선한 공기도 선물한다.

천덕꾸러기 고구마의 잠재력은 무한하다. 아직도 지칠 줄 모르며 튼튼한 줄기로 뻗어간다.

나는 고구마 싹 틔우기를 하면서 평소에 내가 사람을 대할 때 저지르는 실수를 떠올려 본다. 그저 눈에 보이는 겉모습만으로 그 사람을 평가하는 실수 말이다. 얼마나 내공이 깊은지, 얼마나 많은 향기를 지녔는지 잘 알지도 못하면서 속단하는 어리석음을 뉘우친다.

'못생긴 고구마야, 미안해!'

'못생긴 고구마야, 고마워!'

하찮은 고구마가 속된 세상의 속물이 되어가는 나를 용서하지 않고 경계하는 듯하다.

오뚝이처럼

 최근 들어 우리나라 겨울 추위는 갈수록 더 매서워지고 추위도 오랫동안 지속하는 것 같다. 추위를 많이 타는 체질이라 긴 겨울이 지겹고 더 길게만 느껴진다.

 겨울에 베란다 문을 밀고 나가면 동장군 앞에서 잔뜩 기가 죽은 채 겨울나기를 하는 식물이 안쓰럽기까지 하다. 몇몇 어린 식물은 얼어서 이미 생명력을 잃어가고, 돌화분에 심겼던 야생초도 자취를 감추고 말았다.

 오늘은 우리 집 꽃밭에 물을 주는 날이다. 베란다 문을 열고 나가니, 공기가 예전 같지 않다. 창문을 활짝 열어보니,

피부에 닿는 공기가 포근하고 상큼하게 느껴졌다. 잔뜩 주눅이 들어 웅크렸던 덕리란의 잎은 소녀의 머리카락처럼 길어지고 부드러웠다. 그뿐인가! 호박돌가에 올망졸망 모여 앉은 연둣빛 워터코인은 쏟아지는 물세례를 맞으며 기지개를 켰다.

그런데 고무호스로 여기저기 목마른 식물에 단물을 발사하는 순간, 나의 시선은 돌화분에서 그만 정지를 하고 말았다. 바싹 마른 흙만 있던 화분에 단풍잎같이 생긴 갈색 여린 잎이 여섯 개씩이나 돋아났고, 세 줄기의 기대란 대롱 끝에는 하얀 꽃송이가 봄볕을 즐기고 있었다. 마치 햇병아리 같은 앙증맞은 모습이 신기하여 한참을 '뚫어져라' 바라보았다.

꽃밭에 물을 주면서 마른 흙만 담긴 화분이 불쌍해서 흙이라도 촉촉해지라고 물을 뿌려 주는 걸 잊지 않았는데, 설마 그 속에 이렇게 예쁜 생명이 자라고 있을 줄이야…….

'땅속 깊이 새 생명을 품고 새봄을 기다리며 새 생명의 움을 틔웠구나!'

매서운 한파에도 포기하지 않고 인내와 강인함으로 견뎌낸 경이로운 탄생이었다.

지난해 가을 무렵이었다. 1박 2일 여행에서 돌아와 거실로 들어서니, 남편이 넋이 나간 사람처럼 소파에 늘어져 있었다. 혹시 1박을 하고 온 여자가 못마땅해서 토라져 있나 싶었는데 남편의 입에서 떨어져 나온 말은 청천벽력 같은 소리였다.

갑작스러운 절친한 친구의 죽음, 그것도 사회적으로 유명 인사이고 반듯한 친구가 스스로 생을 포기했다는 사실에 말문이 막혔다.

한동안 남편은 친구가 세상을 버리고 갔다는 충격으로 멍하니 창밖을 바라보거나 우울증을 앓는 사람처럼 말수가 줄어들기 시작했다. 골프를 같이 치는 주요 구성원이기도 한 죽은 친구는 남편이 지인들과 골프를 치고 오는 날에는 더욱 그리움에 빠지게 하였다.

"오늘 운동을 하는 데 자꾸 그 녀석이 옆에 있는 것 같더라. 만약에 오늘 ○○이 있었으면 게임이 어땠을까?"

하고 말하면서 말끝을 흐렸다.

친구를 보내고 가슴앓이를 하는 남편을 보니, 안타까운 마음에 내 마음도 저렸다. 지역에서 유능한 의사인 남편 친구는 환자들에게도 존경을 받았지만, 무엇보다도 친구들에게 신임을 받은 사람이었기에 친구를 잃은 공허함은 더 컸으리라.

얼마 전 작은삼촌께서 입원해 계시는 병원에 다녀왔다. 예순이 넘은 나이에도 건설공사현장에서 노동하시다가 갑자기 쓰러져 큰 병원으로 급히 이송되어 오셨단다. 의사는 폐암 말기라는 진단 결과를 내놓으셨고 삼촌은 아무것도 모른 채 링거를 맞고 계셨다. 부지런한 천성 때문에 노년에도 쉬지 않고 일을 하셨던 게 화근이었다.

나는 삼촌의 손을 잡고 용기를 가지시라고 말씀드렸지만 정직하고 열심히 살아오신 삼촌이 감당할 수 없는 중병으로 누워계시는 모습을 보니 믿을 수가 없었다.

삼촌은 조카의 손을 잡으시며

"오뚝이처럼 벌떡 일어날 테니까 걱정하지 마라. 곧 퇴원

할 거다. 여기서 이러고 있으면 되겠나? 일어나서 집으로 돌아가야지!"

아픈 사람이 너무도 당당하게 말씀하셔서 흠칫 놀라웠다. 아무리 무서운 병도 환자의 마음먹기에 따라 기적이 일어나기도 한다니, 우리 삼촌에게도 그런 우주의 기적이 생긴다면 얼마나 좋을까?

어릴 적에 가지고 놀던 오뚝이 인형이 생각난다. 펭귄 모양으로 생긴 오뚝이는 손으로 힘있게 밀쳐도 쓰러지지 않고 일어섰고 또 밀어도 몸을 좌우로 흔들며 벌떡 일어났다.

삼촌은 오뚝이처럼 다시 일어나시겠다고 자신 있게 말씀하시며 생명에 대한 강한 집착을 보이셨다.

우리 집 야생초도 얼음 같은 추위에도 굴하지 않고 삼촌처럼 생명에 대한 강한 집착을 버리지 않았다.

만물이 소생하는 새봄이 왔다. 겨우내 숨죽였던 나뭇가지마다 연둣빛 새순이 삐죽삐죽 밀고 나왔다. 어떤 이는 생을 쉽게 포기하고 어떤 이는 생명에 대한 고집을 꺾지 않고 새 생명을 잉태한다.

봄바람을 맞은 꽃밭에는 행복 나무 이파리가 살랑살랑 어깨춤을 추고, 행운목의 초록빛 생명줄이 천정까지 뻗어가고 있다.

3부

미워할 수 없는 동반자

미워할 수 없는 동반자

 디지털 혁명 시대에 사는 나는 요즘 나 자신이 자꾸 작아지는 기분이다. 자고 일어나면 새로운 세상이 열리고, 너무도 빠르게 변하는 디지털 환경에 적응할 자신감이 떨어지기 때문이다.
 얼마 전 화장품 가게 앞을 지나는데, 할인행사 광고가 눈에 띄었다. 회원가입을 하고 제품을 구매하면 할인을 해준다는 내용이었다. 마침 화장품이 필요해서 제품을 찾아서 계산대로 갔다. 그런데 매장 직원이 회원가입에 필요한 인증번호를 내 휴대전화로 보냈으니 번호를 불러 달라고 했다. 나는 그날따라 휴대전화를 가지고 가지 않아 화장품을 사지 못하고 가게를 나왔다. 점차 휴대전화 의존도가 높아지는 우리나라의 현실에 기분이 조금은 언짢았다.

또 한번은 휴대전화 통신사 모바일 멤버십을 설치하면 여러 혜택을 준다고 하여 가입을 시도하였다. 그런데 가입 절차가 너무 복잡하고, 여러 단계를 거쳐야 하는 번거로움으로 꽤 인내심이 필요했다.

그럴 때마다 '아! 이제는 이런 복잡한 과정을 스스로 잘 해내야 시대의 낙오자가 되지 않겠구나. 이런 현실을 온전히 받아들여야 살아가겠구나!' 하는 생각이 들었다.

최근에는 코로나 상황이 심각 단계로 전환되면서 외식을 하기보다 배달을 시켜 먹기로 했다. 그런데 음식점에 전화로 주문을 하니, 배달 앱 이용을 권장한다. 이제 음식 배달을 하려면 핸드폰에 배달 앱을 설치해야 편하게 주문도 가능한 때가 되었다.

처음으로 스마트폰을 장만했을 때가 떠오른다. 손바닥 안의 작은 장난감이 너무 신기하여 그것을 갖고 노는 재미에 흠뻑 빠졌다. 곁에 없으면 허전하고 온종일 매만져도 지루하지 않은 단짝 친구 같았다. 또 궁금한 걸 금방 가르쳐 주기도 하고, 나를 위해 노래도 불러주며 많은 도움을 주었다. 나는 금방 길들었고, 쉽게 적응되었다.

이제 핸드폰이 없으면 불편한 세상이다. 내 핸드폰 바탕화면에도 이미 많은 앱이 깔렸다. 앱을 만들어서 이용한다기보다는 앱에 파묻혀서 살아간다는 말이 실감 난다. 인간이 만든 컴퓨터가 우리를 지배한다는 무서운 생각이 든다. 갈수록 기계화되어 가는 세상에서 내 마음이 마른 낙엽처럼 건조해질까 두렵다. 인간의 편리를 위해 만든 도구가 내 삶을 구속하고 우울하게 만들까? 그것이 걱정이다. 하지만 시대의 조류를 거부할 수 없는 현실이라면 친한 친구로 잘 지내봐야겠다. 어느새 또 하나의 '동반자'가 되었으니까 말이다.

산책길에 앞산을 가만히 바라보았다. 저 푸른 산은 똑같은 모습으로 변함이 없는데, 인간의 세상은 왜 이리 변화가 심할까?

오늘은 그저 말없이 피고 지는 초록빛 자연이 너무 부럽다.

박카스와 초코파이

'윙이 잉잉'

 듣기 싫은 굉음이 길게 울린다. 식탁 위에는 벌써 아침 밥상이 차려져 주인을 기다린다. 그런데도 정작 딸아이는 태평스럽게 긴 머리를 말린다고 시간 가는 줄을 모른다. 미리 떠 놓으면 식을까 봐 딸아이가 오면 퍼주려고 국그릇과 국자는 가스레인지 옆에서 대기 중이다.

 성격 급한 나는 아침마다 딸아이의 천연덕스러운 이런 모습에 울컥 화가 치솟는다. 그러나 어쩔 수 없이 화를 누르며 참는다. 고3이 된 이후 날마다 늦은 밤에야 어깨가 축

처져 돌아오는 딸아이다. 아침마다 서너 번씩 깨워야 하는 일도 이제는 일상이 되었다. 잠이 모자라는 자기를 깨운다고 오히려 나에게 짜증을 부리는 못된 망아지 같은 딸.

'공부 이전에 인성이 먼저 되어야지. 쯧쯧'

이런 혼잣말을 되뇌기도 여러 번이다.

그러나 안쓰러운 마음은 어쩔 수 없다. 공부하느라 피곤함에 찌든 딸아이의 얼굴은 이미 십 대의 고운 얼굴이 아니다. 해마다 바뀌는 입시제도와 날마다 경쟁이라는 굴레에서 벗어나지 못한 수험생의 스트레스는 이만저만이 아니다. 끝도 보이지 않는 불안의 긴 터널을 날마다 걸어가는 딸아이를 옆에서 지켜보자니 마음 한구석이 저린다.

그러나 한편으로는 스트레스가 어찌 아이뿐이랴 싶다. 우리나라 고3은 뒷바라지하는 엄마도 같이 고3이라는 우스갯소리가 그냥 들리지 않듯이 엄마로서 받는 스트레스도 여간 아니다.

'고3은 저만 하나? 누구는 고3 시절이 없었나? 왜 저리 유별스럽게 구는데? 참 더러워서…. 미리 좀 열심히 해 놓지?'

나는 차마 입 밖으로는 내놓지 못하는 말을 벽을 향해 쏟아놓는다. 혹시 딸아이가 듣게 되어 상처를 입으면 어쩌나 두렵기도 하려니와 나 자신과의 약속을 어기지 않기 위해서이기도 하다.

작년 이맘쯤에 나는 예비 고3 엄마로서 다짐했었다. 공부하는 자식을 위해 매일 먹거리를 챙겨 건강을 지켜주고, 어떤 속 터지는 일도 참으며 따뜻한 말로 위로와 격려를 아끼지 않는 보호자가 될 거라고.

올여름은 에어컨을 켜 놓지 않고서는 집에 머물기가 어려울 만큼 무더웠다. 그래도 우리 집 수험생 고3은 꿋꿋이 잘 견뎌주어 고맙고 기특하다.

하지만 때론 매우 피곤한 딸이기도 하였다. 점심때면 학교 급식을 먹지 않고 엄마가 해주는 밥을 먹고 싶다며 집으로 오거나, 이유 없이 투정을 부리고 앙탈을 부리기도 했다.

'엄마, 오늘 점심밥은 뭐 해요?'

휴대전화 메신저 창에 뜬 딸아이의 기대감 어린 문자가

내 가슴을 조이며 부담을 주었다.

"아휴! 날씨는 더워 죽겠는데 불 앞에서 밥하려니, 땀띠가 다 난다."

큰딸에게 이렇게 하소연을 하면,

"가현이가 스트레스를 많이 받으니까 밥맛도 없나 봐요. 입맛이 까다롭기도 하지만 엄마 음식 솜씨가 좋으니까 그렇겠죠?"

큰딸은 한술 더 떠 나를 소쿠리 비행기까지 태운다.

'그래, 건강이 학력이라고 하니까 잘 먹는 게 최고지. 최선을 다해서 위해 주는 수밖에.'

내가 수험생이었을 적 엄마의 모습을 잠시 떠올려본다.

그날은 가을비가 주룩주룩 내렸다. 수업을 마치고 집으로 돌아오니, 엄마는 저녁 찬거리를 사러 시장에 가셨는지 집에는 할머니만 계셨다.

내 방에 들어와 책상 위에 가방을 올려놓으려는 찰나, 책상 위 한가운데에 뭐가 놓여 있는 게 보였다.

'박카스 한 병과 초코파이 한 개'

내가 유일하게 좋아하는 간식과 아버지께서 피로해소제로 드시는 박카스를 엄마는 책상 위에 올려두셨다. 고입 시험을 앞두고 공부하는 딸을 위한 엄마의 배려와 사랑의 징표였다. 나는 초코파이 봉지를 뜯어 한 입 베어 먹고 박카스를 홀짝 마시며 엄마를 기다렸던 기억이 지금도 새록새록 난다.

딸을 위해 좋아하던 초코파이를 챙겨주신 엄마는 지금의 비싼 영양제보다 더 많은 효험을 주시고 추억을 남겨 주셨다.

삼 년 뒤 내가 고3이 되었을 때도 마찬가지였다. 야간 자율학습을 마치고 집으로 들어가는 대문이 '삐거덕' 하고 열리면 엄마는 얼른 문을 열고 나오셨다. 밤늦게 출출한 배를 안고 돌아오는 나를 바라보시며

"공부한다고 많이 피곤하지? 책상 위에 박카스하고 초코파이 올려놨다."

피곤한 딸을 위한 우리 엄마의 유일한 처방전은 가끔 약발을 보여주기도 하였다.

내가 고3 엄마로서 지쳐갈 때 엄마의 사랑이 묻어나는 그 날의 '박카스 한 병과 초코파이 한 개'는 나를 다시 고쳐 세워주는 야릇한 힘이 되어 주기도 한다.

훗날 내 딸이 생각하는 '박카스 한 병과 초코파이 한 개'는 어디쯤 있을까?

영영 버리지 못하는 물건

살아가면서 버려야 할 것과 버리지 못하는 것이 많다. 나쁜 습관이나 버릇은 과감히 버려야 하겠지만 나는 버리지 못하는 편이다.

외지에서 공부하는 딸아이들이 기말고사를 마치고 방학을 맞이하여 집으로 내려온다는 날이 다가온다. 그런데 딸아이를 만나게 된다는 설렘과 기쁨도 잠시, 집 안 청소를 떠안게 된다.

특히 큰아이는 워낙 깔끔하고, 주변을 깨끗하게 정리를

잘하는 아이여서 자식에게도 엄마의 모범적인 이미지 관리가 중요하니까 깨끗이 해 놓아야 한다.

 옛말에 여자가 너무 털고 쓸고 닦고 하면 집안의 복이 나간다고 하지만, 깨끗하게 사는 집을 방문하고 오는 날이나, 잡지에서 예쁜 집을 보게 되면 바쁘다는 핑계는 저리 가고 스스로 자극을 받는다.

 며칠 전 미용실에서 읽었던 인테리어 잡지 기사가 생각난다. '집안 정리정돈의 비결'이라는 내용인데 장롱 안에서 일 년 동안 한 번도 입지 않는 옷이나 쓰지 않는 물건은 과감하게 버려야 집안이 깨끗해진다는 주장이었다. 아마 옛날 우리 조상들이 들었다면 경을 칠 소리겠지만, 모든 게 풍요로운 현실에서는 공감되는 얘기였다.

 게다가 나는 근검절약하며 사는 대가족 집안에서 성장해서인지 잘 버리지 못한다. 어릴 적 기억으로 증조모, 할머니, 어머니께서는 자투리 천 조각이나 집안의 짧은 새끼줄까지도 감아두고 쓰시던 분이었다. 그렇기에 그것을 보고 자란 나도 집 안의 물건을 대뜸 버리지 못한다.

할머니께서는 버리지 않고 모아 두면 언젠가는 잘 쓰인다고 일러주셨고, 못 한 개라도 아끼고 절약해야 잘 산다고 가르쳐 주셨다.

나는 할머니와 어머니께서 평소에 해 오시던 습성을 보고 자라서인지 버리지 않고 모아 두는 습관이 몸에 배었다.

지난여름에는 장독에서 잘 숙성된 매실엑기스를 떠내어 지인에게 선물하려고 했다. 그런데 2리터 페트병을 비닐봉지에 싸서 선물하자니 참 성의가 없어 보이고 모양새도 좋아 보이지 않았다. 마침 창고에 모아 둔 종이가방을 뒤적이니, 와인 종이팩과 양주병 종이팩이 눈에 띄었다. 거기에 매실 병을 넣으니, 포장도 예쁘고 들기도 안성맞춤이었다. 평소에 무조건 버리지 않고 모아 두면 이렇게 요긴하게 잘 쓴다는 걸 새삼 실감하였다.

어릴 적 할머니께서 버리지 말고 잘 모아 두면 쓰일 데가 있을 거라고 하신 말씀을 마음에 새겨두었던 덕분이었다.

내가 함부로 버리지 않는 건 물건을 버리면 아깝다는 생각 때문에 버리지 못하는 경우와 오랫동안 간직하고 사용하던 물건과 정이 들면서 버리지 못하는 경우다.

간혹 옷장 정리를 하고 헌 옷을 재활용 상자에 집어넣고 돌아서면 이별의 서운함을 느끼기도 한다. 오랜 세월 함께 하다가 헤어지는 느낌이다. 맘속으로 잘 가라고 인사도 한다. 그러나 헤어져야 더는 지저분해지지 않는 게 정리정돈의 기본 원칙이다.

하지만 우리 집에는 버리지 못하는 옷과 물건이 많다. 그중에서도 가장 소중한 건 남편의 삼베 조끼와 아이들의 배냇저고리이다.

삼베 조끼는 시어머니께서 남편이 고등학교 때 공부하는 자식을 위해 직접 손으로 짜신 삼베 천으로 만들어 주셨다. 남편의 나이를 따지면 역사가 오래된 옷이다. 무더운 여름날 늦둥이 아들을 위해 씨실과 날실로 베를 짜서 한 땀 한 땀 땀방울로 정성스레 지으신 그 옷을 어찌 감히 박절하게 버리겠는가? 지금은 작고 입지 못하는 볼품없는 옷이 되었지만, 그 옷을 만지면 시어머니의 고운 정성과 사랑이 절로 느껴진다.

배냇저고리는 아이들이 세상과 처음 만나는 순간 제일 먼저 몸에 걸치는 옷이다. 남편과 함께 태어날 우리 아이를 위해 마음 설레며 장만했던 배냇저고리가 장롱 속에 고이 간직되었다.

지난여름에 깨끗이 빨아 말린 후 아이들에게 보여줬더니, 아이들은 신기한 듯 펼쳐 놓고 스마트폰으로 사진을 찍어 페이스북에 남겨두었다. 각자 배냇저고리를 이리저리 살펴보고 냄새를 맡으며 이 옷을 간직해 줘서 고맙다는 눈치를 웃음으로 보내주었다.

남편의 삼베옷과 우리 아이들의 배냇저고리는 모성애이다. 그 옷을 입고 자식이 건강하게 자라고 행복하게 살아가기를 바라는 어미의 간절한 바람이다.

그렇지만 이제부터는 자주 냉장고 안을 정리하고, 먼지 쌓인 책장 속의 책을 정리하고, 헌 옷과 오래된 물건을 하나씩 하나씩 줄여나가야겠다.

하지만 내게 가장 소중하고 사랑스러운 삼베 조끼와 배냇저고리는 영영 버리지 못하겠다.

여름 산행기

"오늘 산에 안 갈래?"

아침을 먹고 TV를 보던 남편이 갑자기 산에 가자고 했다. 날씨도 덥고 움직이기도 귀찮은데 등산을 어떻게 하냐고 했더니 자기 혼자서 다녀오겠단다. 잠시 뒤 혼자 보내기가 안쓰러워 나도 같이 가기로 마음을 내었다. 밥솥에 남은 식은밥 한 덩이와 밑반찬을 통에 담고, 썰어 둔 수박도 챙기며 커피와 과자도 주섬주섬 배낭에 넣었다.

집 근처 가까운 곳에 산이라 주말이면 산을 자주 찾는다. 산길을 걸으면 마음이 편안하다. 초록빛 식물의 모습에 마음이 안정되고 새소리, 물소리, 바람 소리 등 자연의 소리에 집중하면 어느새 내 마음은 고요한 세계로 침잠한다. 이것이 산이 품고 있는 매력이다.

산의 초입에 들어서자 벌써 등산객의 모습이 하나, 둘 보이기 시작했다. 우리는 약속한 듯이 사람들이 가는 길이 아닌 다른 길로 방향을 틀었다. 조금 더 걸어가니 위에서 사람이 내려왔다. 그런데 마스크를 하지 않은 모습이었다. 바짝 긴장했는데 남편이 마스크를 잘 쓰라고 일러 준다. 나는 마스크 코 지지대를 손으로 꾹 눌러 틈이 없도록 감쌌다.

KF80 마스크를 하고 오르막을 걸으니, 숨이 차서 금방 헐떡거렸다. 마스크 안은 벌써 땀에 젖어 축축했다. 마스크를 살짝 내리고 걸으니 시원했다. 근데 저 위에서 또 한 사람이 내려왔다. 다시 마스크를 썼다. 내려오던 사람도 우리를 보더니, 벗었던 마스크를 귀에 걸기 시작했다. 남편이 잠시 한쪽으로 비켜 서 있다가 가자고 했다. 우리는 그 사람이 지나갈 때까지 마스크를 손으로 누르고 등을 돌린 채 기다렸다.

다시 오르막길을 걸어갔다. 잠시 뒤에 어린아이를 데리고 온 가족이 지나갔다. 그 일행은 우리를 보더니 곁눈질을 하며 조심스럽게 지나갔다. 신종 코로나 대유행 이후로 등산을 하면 이렇게 의심의 눈초리로 서로를 감시하게 되었다. 혹시나 '저 사람이 코로나에 감염되지 않았을까?' 하는 위험한 의심을 하게 된다. 참으로 서글픈 현실이다.

코로나 이전에는 산에서 모르는 사람들을 만나도,

"안녕하세요?"

"수고하십니다."

자연스럽게 따뜻한 인사를 건네며 오고 갔다. 그런데 이제는 산에서 사람을 보면 애써 외면하며 말 한마디 하지 않는다. 서로가 잠재적 확진자로 의심하게 되었다. 숨이 차고 더워서 마스크를 내리고 걷다가도 저만치서 오는 사람을 발견하면 얼른 마스크를 찾게 된다.

그늘진 숲으로 들어서자 산바람이 땀을 식혀 주고 초록빛 숲이 아린 마음을 달래주었다. 바위에 잠시 걸터앉아서 물을 꺼내 목을 축이니 산새가 오케스트라 연주로 위로도 해주었다.

　남편이 명당자리를 찾겠다며 풀숲을 헤치며 숲속 더 깊은 곳으로 들어섰다. 깊은 곳은 왜 들어가냐고 투덜대며 따라가 보니 큰 너럭바위가 보였다. 넓은 평상 같은 바위가 숲속에 있는 게 신기했다. 우리는 잠을 자도 될 만큼 넓은 바위에 가지고 온 돗자리를 펼쳤다. 눈앞에 펼쳐진 초록빛 숲을 감상하고 청아한 새소리에 귀를 기울였다. 순간 삐죽삐죽 올라왔던 부질없는 욕심과 허영심이 사그라들었다. 시원한 바람결에 부끄러운 마음이 씻겨나가는 듯했다.

　잠깐의 휴식을 끝내고 다시 걷기 시작했다. 매번 산 중턱에서 돌아갔는데 오늘은 정상까지 가보기로 하였다. 예전에는 경사진 오르막길을 오를 때는 나무줄기를 잡거나 바위를 짚으며 올랐는데 오늘은 찜찜해서 손을 대지 않게 된다. 너무 예민하게 구는 것 같아도 어쩔 수 없다. 조심조심 기어오르며 정상에 다다랐다. 숲속에 가려졌던 푸른 하늘이 구름 친구를 데리고 환한 얼굴로 맞아 주었다.

　드디어 정상에 도착하였다. 금정산 3망루에서 발밑에 펼쳐진 산 아래를 내려다보았다. 가까이는 녹조 낀 회동 수원지와 저 멀리에는 해운대와 광안대교가 또렷하게 보였다. 그 옛날 망루에서 두 눈을 크게 뜨고 망을 보는 젊은 군인을 상상해 봤다. 그때는 망원경도 없었으니 시력이 참 좋아야만 했겠다.

그런데 갑자기 가까이서 사람들의 목소리가 들렸다. 성벽 한쪽에서 마스크를 벗고 음식을 먹는 게 아닌가. 우리는 놀라서 마스크를 고쳐 쓰며 그곳을 빠져나왔다. 저 사람들은 우리를 방해꾼으로 여겨졌을지도 모르겠다.

코로나 팬데믹 이전에는 산사람들과 커피 한 잔을 나누는 게 인정이었다. 음식을 먹는데 지나가면 먹고 가라고 손짓도 해주었다.

'아! 코로나 이전의 삶으로는 언제 돌아갈 수 있을까?' 이런 생각을 하는 사이 갑자기 북쪽에서 먹구름이 몰려와 검은 장막을 펼친다. 가는 비구름이 빠르게 춤을 추며 바람에 흩날린다. 산에서 보는 진풍경이다. 우리는 바위에 등을 기대고 돗자리를 우비 삼아 즐겁게 자연의 쇼를 감상했다.

10분쯤 지났을까? 시커먼 구름의 경계 위로 햇살이 고개를 내밀었다. 저 멀리 광안대교가 다시 모습을 드러냈다. 해가 반짝 나왔을 때 얼른 점심을 먹기로 했다. 문득 김소운의 수필 〈가난한 날의 행복〉이 생각난다. '왕후의 밥 걸인의 찬'이다. 식은 밥과 김치 조각이지만 밥맛은 세상에서 제일 행복한 맛이다. 이렇게 멋진 자연의 풍광을 감상하며 밥을 먹을 기회가 내 인생에 얼마나 될까.

소나기가 내릴 것 같은 예감에 서둘러 하산을 하기로 하였다. 평상시와 다르게 가보지 않은 길을 택하였다. 사람들이 오가지 않는 길은 한적하고 조용했다. 다행히 마스크를 쓰지 않고 걸을 수 있어 좋았다. 숨쉬기도 편하고 맑은 공기를 마실 수 있으니 산에 온 기분이 절로 났다.

거의 중턱에 도착했을 때 다시 소나기가 내리기 시작하였다. 제법 빗줄기가 굵어지며 빗소리도 커졌다. 우리는 때죽나무 아래에서 잠시 비를 피하였다. 때죽나무 두 그루의 가지가 포개져서 빗물이 비스듬하게 흘러내려 비를 맞지 않았다. 마치 큰 우산 속에 들어와 있는 것 같았다. 또 한 번 자연의 선물을 받았다.

　드디어 긴 산행을 끝내고 우리 아파트 단지 안으로 들어왔다. 아파트 산책로를 따라 내려오는데 나무에 매달린 푯말이 눈에 들어왔다.

　'산책로에서는 마스크를 꼭 착용하세요.'

　코로나가 주는 일상은 퍽 달라졌다. 이제 마스크는 내 몸에 항상 지녀야 할 소품인가 보다.

족쇄

　남편이 갑자기 친구 G에게 급하게 연락을 해야 한다며 휴대전화로 번호를 검색한 후 전화를 했다. 근데 저쪽에서 들려오는 소리는 G 씨가 아닌 여자 목소리였다. 남편은 미소를 머금고 아주 상냥하게 전화를 하더니 끊었다.
　남편 친구 G 씨는 요즘 초등학생도 가지고 있는 휴대전화가 없다. 급한 일이 생길 때는 집사람에게 연락하라면서 집사람 휴대전화 번호를 가르쳐 준단다. 처음에는 한의학을 전공하는 분이라 보수적이라고 생각하며 웃어버렸다. 그런데 지금 와서 생각하니 그분의 생각에 수긍이 간다.

작년에 작은딸이 대학을 입학하더니, 멀쩡한 휴대전화를 바꿔야겠다고 했다. 이유인즉 친구들과 문자메시지를 많이 주고받는데 자기는 스마트폰이 아니라 친구들이 유료 문자 보내기를 꺼리기 때문이란다. 스마트폰에서는 카카오톡 앱을 내려받아 설치하면 무제한으로 무료 문자를 사용할 수 있어 오히려 경제적이라는 그럴듯한 논리를 내세웠다.

나는 딸의 생각을 듣고 보니 일리가 있는 얘기라 거금을 들여 스마트폰을 장만해 주었다. 몇 달 뒤 나의 핸드폰도 그만 고장이 나 버렸다. 나는 사회생활하면서 핸드폰은 필수라는 생각을 하는 편이라 얼른 휴대전화 대리점으로 달려갔다.

대리점 직원은 나에게 거머리처럼 달라붙어서 스마트폰이 요술 방망이라도 되는 양 자랑을 늘어놓았다. 스마트폰은 애플리케이션을 통해 컴퓨터로 가능한 내비게이션, 인터넷, 이메일, 게임, 사진, 동영상 …… 등 온갖 기능을 정신없이 설명해 주었다.

나는 결국 스마트폰을 샀고, 가장 선호하는 카카오톡 앱을 내려받아 설치해 보았다. 갑자기 휴대전화 화면에 저장된 전화번호가 그물 사다리처럼 쫙 펼쳐지기 시작하더니 반가운 얼굴 사진까지 나타났다.

'아, 이게 바로 21세기 문명의 이기인가? 스티브 잡스가 진짜 영리한 인물이구나!'

나는 과학의 발달이 이렇게 큰 신비로움과 기쁨을 주는 데에 다시 한번 감탄하였다.

그날 저녁 나는 카카오톡으로 지인들과 문자메시지를 주고받는다고 시간 가는 줄도 모르고, 등이 뻐근해지도록 카톡의 수렁에 폭 빠졌다.

퇴근한 남편은 스마트폰으로 문자 보내기에 빠진 여자를 보고 한심하다는 표정이었다. 스마트폰을 없애 버려야겠다고 엄포를 놓기도 하고, 핸드폰 때문에 가족 간에 대화가 단절되었다고 넋두리를 늘어놓기도 하였다.

나는 시간이 갈수록 카톡을 통해 지인들 안부도 묻고, 근황도 소개하며 사진 전송을 통해 현장 보고하는 스마트폰의 매력과 재미에 흠뻑 빠져 헤어 나올 줄 몰랐다.

때로는 카톡 프로필에 사진을 올려놓고 누군가의 반응을 기다리며 휴대전화 확인을 반복하다가 유치한 내 모습에 피식 웃기도 했다.

애정 결핍이 심했다. 남의 관심을 끌고 싶고, 사랑받고 싶은 아잇적 본능이 솟아난다고 할까?

요즘 사람은 자기를 적극적으로 드러내 보이려고 한다. 카톡 프로필 메인 사진을 보면 온갖 재밌는 이야기가 많다. 사진을 보면 그 사람의 성향이나 취미, 심지어 사생활도 엿볼 수 있다. 그야말로 자기를 만천하에 공개하고 홍보하고 자랑하는 공간이다.

나는 점점 카톡에 중독되어 가는 기분이다. 내 귀중한 시간을 야금야금 갉아먹는 징그러운 애벌레가 되어 다가오는 줄도 모르고 이것을 하지 않으면 대세에 밀리고 처진다는 착각을 하기도 했다.

일주일 전에는 출근하면서 휴대전화를 집에 두고 간 적이 있다. 직장에 가니, 불안한 맘이 일어 가족들에게 집에 휴대전화를 두고 왔다고 먼저 연락을 취하였다.

그런데 처음에는 혹시 급한 연락이라도 오면 어쩌나? 하고 걱정을 하였는데 이상하게 차츰 이것이 없으니, 온종일 신경 쓸 일이 없어지고 홀가분하다는 느낌이 들었다. 휴대전화를 챙길 필요도 없고, 잠시 자리를 비워도 문자 확인을 할 필요가 없었다.

마치 장신구를 내 몸에 걸치지 않아도 전혀 필요성을 못 느끼는 듯이 아무렇지도 않았다. 괜히 휴대전화 때문에 내가 거기에 매달리고 확인하고 신경을 쓴다고 생각되었다. 기계는 나를 구속하였고 나는 거기에 중독되어 간다는 사실을 점차 깨닫게 되었다.

퇴근 후 집으로 돌아와 두고 간 휴대전화를 확인했다. 전화는 한 통도 오지 않았고, 문자는 마트에서 보낸 광고 문자 한 통뿐이었다. 참 허탈했다. 짝사랑처럼 나 혼자 느끼는 씁쓰레한 기분이 들었다.

나는 남편 친구 G 씨가 생각났다. 인간이 편리하기 위해 만든 문명의 이기가 결국 나를 구속하고 정신건강을 해친다는 걸 한의학 의사는 의학적으로 분석하였단 말인가?

인간의 편리를 위해 만든 휴대전화가 치매를 불러오고, 가족 간의 대화를 끊고, 전자게임에 몰입하여 정서가 메말라 가는 건조한 사막 같은 세상을 그려본다.

적절한 조절 없이 무조건 기계에 복종한다면 앞으로 다가올 인간 세상은 온통 기계 앞에서 무릎을 꿇고 기계의 노예가 되겠다는 무서운 생각이 불현듯 들었다.

동행

　남편과 청송 주왕산을 가기로 약속한 날이다. 보냉가방에 커피와 얼음물을 챙겨 넣고 아침 일찍 집을 나섰다.

　올해는 남편과 단둘이 국내 여행을 해 보기로 했다. 일상의 묵은 때를 밀어내고, 우리 국토의 명산을 밟아보면서 둘만의 시간을 갖기로 계획을 짜 보았다.

　3월에는 하동-벌교-여수 향일암, 4월에는 속리산-문경새재-청남대, 6월에는 주왕산 도보여행하기로 계획을 세웠다. 여행의 재미도 쏠쏠하였으나, 그동안 아이 키우고 직장생활에 얽매였던 고단한 일상을 털어내고 자유로운 영혼으로 돌아가고 싶은 열망이 더 컸다.

경주를 벗어나 포항 가까이 가니 산을 훌쩍 넘으라는 내비게이션 방송이 나온다. 내비게이션 지도를 보니 '비학산', '삿갓봉' 글자가 좁은 등고선 안에 새겨져 있었다. 굽이굽이 돌아가도 험준한 산골짜기와 절벽만이 보이는 좁은 산길을 달려가니 드디어 청송지역 가까운 듯했다. 도로변 양쪽에는 터키의 올리브 나무숲처럼 사과밭이 끝없이 이어졌기 때문이다.

드디어 주왕산에 진입하여 매표소에 도착했다. '금강산도 식후경'이라고 근처 식당에서 산나물비빔밥으로 점심을 해결하고, 입장권을 끊어서 주왕산으로 들어섰다. 마침 동행하는 청소용역업체 직원이 가이드가 되어 친절하게 안내를 해주겠다니 행운이었다. 주왕산은 평탄한 흙길이라 걷기에 수월하고 산이라는 부담이 없었다.

조금 걸어가니 바위에서 물줄기를 토해내는 듯한 모습이 들어왔다. 앞에 '용추폭포'라는 안내판이 보였다. 주왕산에는 3 폭포가 있는데, 벌써 제1폭포에 도달하였다. 우거진

숲길은 시원하고 상쾌했다. 가뭄이라 계곡물이 말라 아쉬웠지만, 뙤약볕 아래서 숲속에 들어서니, 한결 시원하고 기분이 좋았다. 남편과 나는 '참 좋다'라는 말을 연발하였다.

"우리 강산도 안 가본 곳이 이렇게 많은 데 언제 다 가보지?"

남편은 아이처럼 좋아서 어쩔 줄 몰랐다. 그동안 고된 직장생활에서 가졌던 긴장감을 훌훌 벗어던졌기 때문이다.

국립공원 곳곳에는 자연생태, 주왕산 역사, 지질, 식물에 대한 안내판이 설치되어 더 이해하기가 쉬웠다. 급수대에는 주상절리가 있었다. 용암이 흘러내려 급격히 식으면서 수축하여 틈이 생겼고, 세월이 흘러 절리가 이루어졌다고 자세히 안내되어 있으니, 주왕산이 화산지대였음을 알 수 있었다.

한참 걸어가다가 용역업체 직원이 갑자기 우리의 발걸음을 멈추게 하더니, 손가락 끝으로 기암괴석을 가리켰다.

"저 봉우리가 시루봉인데 여기서 사진을 찍으면 멋지게 나옵니다."

그러더니 우리 부부에게 사진을 찍어 주겠으니, 다리 중간에 서라고 주문하였다. 시루봉은 레오나르도 다빈치의 옆모습을 보는 듯 신기한 형상을 하고 있었다. 설명을 읽어보니, 한겨울에 신선이 도를 닦는데 신이 불을 피워주어 연기가 났다고 하니, 저 말 없는 분은 주왕산을 지키는 신선이구나!

학이 살았다는 바위인 학소대에서 용역업체 직원은 우리에게 다음에 둘러볼 코스를 상세하게 안내해 준 뒤 인사를 하고 자기 볼 일을 보러 갔다. 참 순수하고 친절한 가이드 덕분에 주왕산의 속살을 들여다보는 알찬 여행이 되었다. 그 직원은 우리와 보행 속도를 같이 하면서 주왕산 알리미처럼 고장에 대한 자부심으로 열심히 설명을 해주었다. 주왕산이 깨끗하게 보존되는 건 이런 분이 자기 역할을 잘했기 때문이고, 이분처럼 누구나 자기가 선 자리에서 자기가 하는 일에 충실하다면 사회는 더 발전하겠지.

다음은 제2폭포인 절구폭포로 향하였다. 절구폭포는 절굿공이로 찧어서 닳은 것처럼 침식작용으로 바위가 둥글게

파여 있었다. 시원스럽게 쏟아지는 물줄기를 보자, 남편과 함께 양말을 벗어 놓고 물속으로 들어섰다. 갑자기 송사리 떼가 한꺼번에 우리 발 주위로 모여들더니, 청소 물고기처럼 발을 쪼아대었다. 간지러웠지만 배고픈 어린 물고기를 위해서 기꺼이 내 발을 보시하였다.

제3폭포인 용연폭포는 다음 기회로 미루고 다시 학소대까지 내려와서 용역업체 직원이 안내해 준 길로 들어섰다. 좁은 산길을 걸어가니, 망월대가 오른쪽에 나타났다. 망월대에 오르니 병풍처럼 둘러싸인 주왕산의 비경을 한눈에 보았고, 골바람의 냉기와 함께 천연 바람의 기쁨을 직접 체험하니 이만한 힐링이 또 있으랴 싶었다. 남편은 왜 사람이 '주왕산!, 주왕산!' 하는지 이해가 된다며 시종 흐뭇해하였다.

다시 산길을 걸어가니, 주왕암 자가 나타나고 암자를 지나가니, 주왕굴로 들어서는 철계단이 보였다. 주왕이 숨어 지내다 끝내 죽임을 당했다는 주왕의 애틋한 역사적 전설이 담긴 속에는 천정에서 빗물이 뚝 뚝 떨어져 내렸다. 주왕의 붉은 눈물이 흘러내렸는지 철계단을 내려오니 갈색빛 작은 웅덩이가 처연하게 보였다.

  용추폭포를 지나 아쉬운 발자국을 남기며 주차장을 향해 서둘러 내려오는데 시루봉의 신선이 우리를 향해 응시하고 있던 눈빛이 머릿속을 떠나지 않았다. 바위산 주왕산은 평탄한 산책코스였지만, 우리에게 보여 준 산의 장엄한 기상은 오랫동안 뇌리를 스칠 듯하다.

로또

여고 단짝 친구를 집으로 초대했다. 그는 소도시에서 중학교를 졸업하고 중소도시로 유학 온 나를 살갑게 대해 주었다. 낯선 생활의 외로움을 잊고 학교생활 적응을 도와준 절친이다.

그는 산에 가는 걸 무척 좋아한다. 주말이면 무박 야간산행을 하러 가거나, 이름도 낯선 어느 산에서 찍은 사진을 휴대전화로 전송해 주기도 한다. 자신의 버킷리스트에 세계 4대 명산 등반이 포함되었을 정도로 산 사랑이 강한 에너지 넘치는 여성이라고 할까?

어느 날 이 친구가 남부의 금정산 품에 꼭 안겨 보고 싶다고 하여 서울에 사는 그를 흔쾌히 초대하였다. 남편과 동반했었던 금정산의 최고봉인 고당봉을 보여주고 싶었다. 산허리에 전설의 '금 선생님'을 품은 고당봉은 해발 801.5m로 금정산의 주봉이며 암산이다. 정상에 올라서면 부산의 전경은 물론, 부산 앞바다와 낙동강 하류, 김해평야의 인공과 자연이 어우러진 아름다운 전망이 한눈에 들어온다.

아침 일찍 일어나 간식을 준비해서 출발했다.

"야! 드디어 말로만 듣던 남쪽의 명산 금정산을 가보는구나!"

친구의 표정에는 어린아이 같은 기대와 설렘이 드러났다. 범어사 주차장에 차를 세워 놓고 산행을 시작하였다. 아직 겨울의 찬 기운이 묻어났지만, 하늘에는 하얀 구름이 두둥실 떠도는 좋은 날씨였다.

'고당봉'이정표를 따라 산으로 들어서니, 청솔 나무가 추위에도 그 기상을 자랑하며 청청한 모습이었다. 범어사에서 고당봉으로 가는 등산로는 정상 어귀까지 약 3km는 완

만하고 널찍하여 비교적 가뿐한 코스이다.

 날씨도 포근하고 겨울바람도 일지 않는 평온한 산행이 한 시간쯤 지났을까? 우리는 바위에 걸터앉아 물을 마시며 잠시 쉬어가기로 하였다. 숲속에서는 연세 지긋한 노인분들이 벌써 막걸리판을 벌였다. 나이가 들어도 친구들과 등산을 즐기니 얼마나 행복한 삶인가!

 열심히 제법 걸었다 싶었더니 어느새 저 멀리 고당봉이 눈에 들어왔다.

 "얼마 남지 않았어. 바로 저기야! 저 위 나무 계단만 올라가면 고당봉이야."

 친구는 드디어 금정산에 왔다는 만족감에 빙긋이 웃어 보였다. 고당봉에 도착하려면 아직 30분 정도 더 걸어야 하니, 널따란 바위에서 좀 쉬었다 가기로 하였다. 친구는 스마트폰을 꺼내더니 연신 주변 경치를 담았다. 나도 덩달아 추억을 남기려고 핸드폰을 찾았다.

 "어? 내 가방이 안 보인다."

 순간, 머리가 백지장처럼 되면서 혼미해졌다. 슬링 백 안에는 스마트폰, 자동차 스마트키, 지갑이 들었는데 아무리 찾아도 안 보였다.

"너 아까 차에서 출발할 때 가방 메고 왔잖아? 아까 쉬었던 그 바위에 두고 온 거 아냐?"

"아아! 이 일을 어찌하지?"

친구의 말이 떨어지자마자 메고 온 배낭은 친구에게 맡기고 '내 휴대전화!'하면서 오던 길을 냅다 달렸다.

가쁜 숨을 헐떡이며 척후병처럼 쉬지 않고 뛰었다. 가능한 한 빨리 가면 가방을 찾을 것 같았다. 제발 가방이 바위에 올려져 있기를 기도하며 미친 듯이 달렸다. 호흡은 거칠어졌고 숨은 금방 턱밑까지 차올랐다. 그래도 달려야 했다.

앞에서 걸어오는 등산객을 만나면 혹시나 슬링 백이 보일까 싶어 유심히 살폈다. 이내 실망하고 노란색 슬링 백을 봤냐고 물어봤지만 전부 못 봤다는 대답만 했다.

정신없이 달려서 드디어 그 바위에 도착하였다. 그 자리에 가방만 있어 달라고 간절히 빌었지만, 바위는 깨끗한 모습으로 웅크리고 있었다. 할 수 없이 다른 기대를 하면서 다시 주차장까지 뛰었다. 자동차 근처에라도 혹시 떨어졌나 살펴보았지만 허사였다.

맥이 풀리면서 내가 슬링 백을 메고 온 뒤의 기억이 뿌연 안개에 싸여 버리고 사람이 멍해지는 느낌이었다. 잠긴 자동차 옆에 넋을 놓고 섰는데, 배낭을 멘 친구가 작은 기대감으로 달려오는 모습이 보였다. 참으로 미안하고 안타까운 감정이 엉킨 실타래처럼 복잡했다.

친구의 전화기를 빌려 신용카드를 정지시키고, 전화기 위치 추적을 하고, 보험회사 견인차를 불렀다. 그리고 간만에 골프 라운딩을 나간 남편에게 자초지종을 말하고 가족 단톡방에도 전화기 분실 소식을 알렸다.

잠시 뒤 도착한 보험회사 기사님은 견인차 뒤에 내 차를 매달고 우리는 견인차 조수석에 앉아서 집으로 왔다. 영화나 소설 속에서나 있을법한 정말로 믿기지 않는 한편으로는 웃기는 장면이 연출되었다.

집으로 돌아온 즉시 방전된 예비 스마트키를 들고 마트 안 열쇠 가게에 갔다. 가게 주인은 부재중이고 볼 일이 있어 한 시간 뒤에 온다는 문구가 적혀져 있다. '오늘은 정말 뭘 해도 안 되는 날인가 보다.' 하고 실망하고 있는데 가게 주인이 갑자기 나타나 새 건전지로 바꿔 주었다. 그나마 이건 불행 중 다행이랄까. 휴대전화 가게에 들러 상담을 끝내고 마트를 나오는데 만감이 교차하였다. 그때 마트 앞에 서 있는 조카와 눈이 마주쳤다.

"이모, 휴대전화 찾았대요. 지금 이모부가 받아서 집으로 오시는 중이래요."

휴대전화를 찾았다는 소식을 빨리 전해주려고 동생이 조카를 마트 앞에 서서 기다리라고 한 것이다.

'아! 로또가 당첨되면 바로 이런 기분일까?'

남편은 운동을 마치고 두어 시간 계속 전화를 시도하였고, 결국 가방을 주웠던 등산객과 연결되어 슬링 백을 찾아왔다. 가족들도 돌아가며 전화를 했지만, 전화기만 간지럽히고, 결국 남편의 끈질긴 시도 끝에 응답이 왔다.

그러고 보니 뜻하지 않게 가족 모두에게 불시에 '비상훈련'을 시킨 셈이었다. 혼란의 시간을 보내고 친구와 나는 영화 같은 하루의 모험을 안주 삼아 맥주 한 잔으로 저녁을 맞이했다.

"그래도 금정산 속살은 못 봤지만, 겉모습은 구경한 거지?"

친구는 계면쩍게 웃는 나를 하얀 웃음으로 받아 주었다. 언젠가는 금정산의 정상 고당봉에서 꿈같은 오늘을 추억할 날이 오겠지.

행복을 찾아 출발!

 달력에 표시된 붉은 동그라미가 선명하게 눈에 들어온다. 몇 달 전부터 손꼽아 기다리던 그날이다. 어젯밤에 찜해 두었던 옷을 몸에 걸쳐 보고, 겉옷에 장식할 소품도 골라봤다. 설레는 마음을 감출 수가 없었다.
 오늘은 아주 중요하고, 수많은 생각을 동반하는 결혼식이 열리는 날이다. 나는 몇몇 친교 모임을 하는데, 그중에서 33년 전 같은 해, 같은 날, 같은 직장에서 맺은 인연으로 만든 모임이다. 그중의 한 친구가 맏사위를 맞이하는 날이다.

'함박웃음' 모임은 웃음과 슬픔을 나눈 삼십 년 지기 친구로 찰떡궁합이다. 매달 토요일이 되면 서로 돌아가며 집에서 모임을 하였다. 요즘은 식당에서 밥을 먹고 커피숍에서 차를 마시지만, 그 시절에는 주변 환경도 그랬고 생각도 그랬고 활동이 집 중심이었다. 집에서 준비한 점심을 먹고, 차를 마시며 실컷 수다를 떨다가 해가 어둑해지면 일어서곤 했다. 심지어 젖먹이는 등에 업고, 큰아이 손을 잡고도 다녔다. 그렇게 늘 기다려지는 모임이었다.

결혼식장에는 기대감으로 좀 일찍 도착했다. 새댁처럼 한복을 곱게 차려입은 혼주가 우리를 반겨주었다. 어느덧 세월의 강물이 흘러 결혼식 우인(友人)에서 이제는 혼주 하객으로 섰다. 신부대기실로 발길을 옮겼다. 금빛 드레스를 입은 모습이 그레이스 켈리 공주처럼 눈부셨다. 신부는 하얀 이를 드러내며 웃는데, 신부 아버지의 표정은 어찌 그렇게나 시무룩한지.

마침내 양가 화촉 점화를 시작으로 신부 아버지가 성혼 선언문을 낭독하였다. 이어서 사회자가 신부 어머니의 축사 차례를 소개했다. 평소에 조용하고 차분한 친구가 많은 하객 앞에서 축사한다니 어리둥절하였다. 마이크 앞에 서더니, 대뜸 신랑한테 물었다.

"사람들은 남편을 남의 편이라고 하는데 신랑은 우리 딸 편이 되어 줄 거지?"

얼떨결에 신랑이 큰 소리로

"네!"

하고 대답하자,

"우리 사위는 불매입니다. 불매는 볼수록 매력 덩어리를 말합니다."

사위 사랑은 장모님이라더니 이렇게 대놓고 불매하고 자랑질을 했다. 그러고는 딸 자랑을 쭉 늘어놓으며 한 박자 쉬더니 갑자기 사위에게 인정한다면

"소리 질러!"

라고 주문한다. 가수가 콘서트장에서 관객들에게 합창을

유도하는 듯이. 내재한 끼를 발산하며 박장대소 웃음을 주는 친구의 깜짝쇼에 놀랄 뿐이었다. 아마도 곱게 키운 딸자식을 시집보내는 어미의 섭섭함을 애써 감추기 위한 역발상이 아니었을까? 신랑·신부가 퇴장하기 전 선글라스를 쓰고 하객들을 위해 신나는 음악을 배경으로 춤을 추는 모습도 또 다른 풍경이었다. 하객과 주객이 하나가 되는 축제 같은 결혼식 풍경이 부부의 행복한 출발로 이어지고, 백년해로의 신호탄이 되길….

4부

내 사랑, 양산

섬 집 아기

 음악수업 시간이었다. '섬 집 아기' 자장가 곡을 배울 차례이다. 먼저 아이들과 노랫말을 읽어봤다.
 '엄마가 섬 그늘에 굴 따러 가면 아기가 혼자 남아 집을 보다가 바다가 불러주는 자장노래에 팔 베고 스르르 잠이 듭니다.'
 노랫말을 읊조리니 홀로 엄마를 기다리다 잠이 든 아기의 모습과 그 아기를 향해 달려가는 엄마의 모습이 영상으로 떠올랐다.
 이제는 곡을 들어 볼 차례이다. 조금 느리게 부르는 동요를 들려주고 아이들에게 느낌을 물어봤다.

"슬퍼요."

"엄마가 아이를 걱정하고 불안해하는 느낌이 들어요."

한 여학생은 눈물을 글썽이며

"아이가 불쌍해요."

라며 눈동자가 충혈되었다. 노래 가사에 이끌려 노래를 부르던 나는 노래의 한 소절에서 그만 멈추고 말았다.

'갈매기 울음소리 맘이 설레어 다 못 찬 굴 바구니 머리에 이고 엄마는 모랫길을 달려옵니다.'

순간 가슴이 뭉클해지며 나도 모르게 눈시울이 젖었다. 혼자 둔 아이가 걱정되어 다 못 찬 굴 바구니를 이고 달려오는 어머니의 심정을 잘 알기 때문이다. 잠시 눈을 감아 보았다.

그때는 여름날이었다. 방금 잠이 든 갓난아이와 두 살 어린아이를 각각 방과 거실에 눕혀두고 은행을 다녀오기로 했다. 공과금 마감 날짜가 임박하여 아이들이 자는 동안 잠시 갔다 올 요량이었다. 지금에는 인터넷뱅킹으로 은행을 안 가도 되지만 그때는 직접 가야 해결했다. 얼른 나서면 10분 안에 금방 다녀올 그거로 생각했다. 집을 나서자마자 부리나케 뛰었다. 지나가는 사람이 의아한 눈빛으로 쳐다보며 말했다.

"새댁, 왜 그래 뛰어다녀요?"

"집에 아이들이 자고 있어 금방 갔다 와야 해서요."

제자리에 서서 대답할 여유조차 없었다.

다행히 은행 안은 한가하여 금방 볼일을 끝내고, 다시 집을 향해 100m 달리기를 하듯 뛰었다. 등줄기에서 땀이 줄줄 흘러내려도 상관없었다. 14층까지 승강기를 타고 올라가는 시간이 너무 길게 느껴졌다. 내리자마자 열쇠로 현관문을 열었다.

문을 여는 순간 큰 애가 앞에 서 있었다. 저를 두고 간 엄마에 대한 원망과 안심이 뒤섞인 눈빛으로 바라보는 아이를 와락 껴안았다. 머리카락과 옷은 땀에 젖어 축축해져 있었고, 아직 말이 서툰 아이는 거실 스피커를 가리키며 울먹였다.

"아찌가 아찌가……."

아마 내가 집을 나서고 얼마 지나지 않아 경비실에서 방송한 모양이었다. 예전에도 경비실 방송 소리에 자던 아이가 놀라서 깬 적이 있었는데 이번에도 그런 것 같았다. 아이는 엄마를 찾으며 옷이 젖을 정도로 무서워서 울었는데 그것을 예상 못 하고 볼일을 보러 나갔으니 아이에게 너무 미안했다.

그날 이후로 나는 아이들을 동반하고 나가는 버릇이 생겼다. 비록 힘은 들지만 작은애는 등에 업고 큰애는 손을 잡아야 안심이었다.

하지만 큰아이는 자라면서 그날 일의 충격으로 밤에 잠을 잘 때는 방문을 닫지 말라고 주문했다. 나는 캄캄한 밤을 무서워하는 딸을 위해 천장에 해, 달, 별 모양의 형광 스티커를 붙여주었다. 창문에는 '백설 공주와 일곱 난쟁이' 동화 속 그림이 있는 롤 스크린을 달아 주었다. 잠을 자기 전 천장에 수놓아진 무수한 별을 보며 고운 꿈을 꾸고 편하게 자기를 바라면서. 다행히도 아이는 점차 안정감을 회복

하였고 밝게 자라 주었다.

또 이런 일도 있었다. 유치원에 다니던 아이들이 5살, 7살 때였다. 늦은 가을 무렵, 유모할머니께서 갑자기 지병으로 우리 아이들을 돌봐 줄 수가 없어 유치원 종일반에 입학시키게 되었다. 이십 년 전이니 그때는 맞벌이 가정보다 전업주부가 더 많았던 시대였고, 육아휴직도 낯설던 시대였다.

아침 일찍 아이들을 깨우고 서둘러 유치원에 가면 항상 우리 아이가 맨 처음으로 등원하여 선생님과 친구들을 맞이하였다. 선생님도 안 계시는 유치원 교실에 아이들을 데려다 놓고 나오면서 몇 번을 손을 흔들며 뒤돌아보았다. 퇴근 후에는 아무리 쏜살같이 달려가도 우리 아이들만 덩그러니 남겨졌으니, 아침과 반대가 되었다.

큰아이가 초등학교에 다닐 때 장래희망을 물으니 망설임 없이 자기의 꿈은 '가정주부'라고 말해 나는 그만 웃고 말았다. 어린아이가 느꼈을 엄마의 빈자리가 얼마나 컸을까? 겉으로 말은 안 했지만, 전업주부 엄마가 몹시 부러웠나 보다.

바쁜 엄마 때문에 외롭게 자란 우리 아이들이 이제는 자기 인생의 좌표를 찍으며 한 걸음씩 나아간다. 엄마의 빈자리가 컸던 만큼 아이들은 더 단단한 자생력이 생겼다.

나는 다시 유튜브 사이트를 검색하여 반 아이들에게 리처드 용재 오닐의 '섬 집 아기' 비올라 연주곡을 들려주었다. 어머니의 소박한 아름다움과 따뜻한 사랑이 용해되어 비올라의 선율로 다가온다. 서서히 내 마음도 애잔한 음색과 하나가 된다. 창문을 통해 뭉게구름이 떠 있는 하늘을 올려다본다. 용재 오닐의 연주가 끝나자 청중의 우레와 같은 박수 소리에 고개를 든다. 마치 우리 아이들을 향해 보내는 함성이 들린다.

자전거

가을 햇살이 내리쬐는 수요일 오후입니다. 매일 두 사람은 학교 올 때와 집으로 돌아갈 때 사이좋게 같이 다닙니다. 자영이와 미경이는 단짝 친구입니다. 오늘은 미경이네 집에서 숙제하고 놀기로 약속한 날입니다. 마침내 6교시 수업을 마치는 종이 울리자, 교실 청소를 끝낸 자영이와 미경이는 손을 잡고 미경이 집으로 걸어갔습니다.

미경이 집은 이 층 양옥집입니다. 마당에 들어서자 현관 입구 테라스 위에는 화분 속의 초록빛 싱싱한 식물과 예쁜 꽃들이 반겨주었습니다. 현관문을 밀고 들어서니, 응접실에는 푹신푹신한 갈색 가죽 소파가 놓였고, 키 큰 책장이 벽면을 병풍처럼 가리고 섰습니다. 잠시 뒤에 긴 홈드레스를 입은 미경이 어머니가 안방에서 나왔습니다.

"안녕하세요?"

"응. 자영이 놀러 왔구나."

미경이 어머니는 반갑게 맞이해 주시며 부엌에서 과일과 빵을 접시에 담아주었습니다.

"배고프겠다. 이거 먹고 숙제하고 놀아라."

"네. 잘 먹겠습니다."

자영이는 미경이 집에 오면 기분이 참 좋습니다. 자영이 집에 없는 응접실 소파도 있고, 니스를 칠한 나무 계단을 올라가면 미경이 방이 공주방처럼 예쁘게 꾸며졌습니다. 이 층에는 옥상도 있고, 미경이 공부방 옆에는 침대가 놓인 넓은 방이 있습니다. 그뿐이 아닙니다. 하얀 타일을 바른 목욕탕에는 수세식 변기도 있습니다.

자영이는 미경이 집이 참 부잣집이라고 생각하며 미경이가 참 부러울 때가 많습니다. 그중에서도 가장 부러운 건 미경이가 어린이용 자전거를 가지고 있는 것입니다.

　미경이는 키가 커서 우리 반에서 맨 뒷자리에 앉습니다. 아마 6학년 여학생 중에서 제일 키가 클 것입니다. 자영이는 미경이가 키가 제일 큰 것은 자전거를 타고 다리운동을 많이 해서 그렇다고 생각하였습니다.

　미경이가 단발머리를 흩날리며 노란 자전거를 타는 모습이 얼마나 멋지게 보이는지 모릅니다. 한 번씩 한 손으로만 핸들을 잡고 달리는 모습은 무슨 서커스단 묘기를 보는 것 같이 신기합니다.

　'나도 미경이처럼 자전거를 잘 탈 수 있으면 얼마나 좋을까?'

　자영이는 마음속으로 미경이를 부러워했던 적이 얼마나 많았는지 모릅니다.

　자영이 집에는 어린이용 자전거가 없고 자영이 아버님이 직장에 가실 때 타고 다니시는 어른용 자전거가 있습니다. 그러니 자전거를 배울 수가 없습니다. 물론 자전거를 사 달라고 하면 위험하다고 사 주시지도 않을 것입니다.

수학 숙제를 다 끝내고 자영이와 미경이는 일 층으로 내려왔습니다. 자영이는 미경이를 향해 그동안 마음속으로만 생각했던 말을 조심스럽게 꺼내었습니다.

"미경아, 나한테 자전거 타는 법 좀 가르쳐 주면 안 되겠나?"

"응. 내가 가르쳐 줄게."

 미경이는 선뜻 내가 부탁한 걸 들어 주기로 하였습니다. 둘은 마당으로 나가서 자전거가 있는 곳으로 갔습니다. 미경이가 오른발로 자전거 고정 받침을 익숙한 자세로 차올리자 비스듬히 서 있던 자전거가 움직이기 시작하였습니다. 자전거를 두 손으로 이끌고 대문 밖으로 나왔습니다. 미경이 집 근처 아스팔트 도로에는 가끔 택시가 지나다닐 뿐 한적한 길이었습니다. 미경이는 여기서 자전거 타는 법을 가르쳐 주기로 하였습니다.

 미경이가 먼저 자전거에 올라타는 방법을 보여주었습니다. 그리고서 오른발과 왼발로 번갈아 가며 페달을 밟으니 자전거가 미끄러지듯이 움직였습니다. 자영이는 참 신기하였습니다.

"내가 한 것처럼 한번 해봐라. 겁먹지 말고."

미경이는 내가 겁을 먹은 채 긴장하는 걸 눈치를 챘는지 안심시키는 말을 하면서 자전거를 옆에서 잡아 주었습니다.

나는 미경이가 시키는 대로 하였지만, 자전거에 올라타는 순간 오른쪽으로 기우뚱하더니, 바로 바닥에 넘어졌습니다.

"아! 너무 겁이 나서 못 타겠다. 그냥 안 배우런다."

"괜찮다. 처음에는 다 그렇다. 나도 얼마나 넘어졌다고. 다리에 멍도 엄청 많이 들었다."

그 말을 듣는 순간 자영이는 더욱더 무서워서 배울 수가 없었습니다. 미경이는 동생을 바라보는 언니처럼 씩 웃으며,

"자영아, 몇 번 넘어지면 안 무섭다. 한 번 타 봐라."

미경이는 자영이가 귀찮아하지 않고 오히려 친절하게 도와주니 용기가 살아났습니다.

"그래. 죽기 아니면 까무러치기다."

그래도 자영이는 자전거와 같이 몇 번을 넘어졌습니다.

미경이가 자전거 뒷부분을 잡아 주는데도 자영이는 가다가 넘어지기를 몇 번이나 반복했는지 모릅니다.

미경이는 학교 수업을 마치고 매일 자영이에게 자전거 타는 법을 가르쳐 주었고 자영이도 연습을 많이 하였습니다. 일주일쯤 지나니, 어느 정도 자신이 생기는 것 같기도 하였습니다.

자영이는 자전거를 타고 엄마 심부름도 하고, 동생도 태우고 다니는 모습을 상상할 때면 입가에 미소가 번졌습니다. 심지어 남의 집 대문 앞에 세워 둔 자전거를 보면 타고 싶은 마음이 가득 찼습니다. 그래서 몰래 남의 자전거를 타고 동네 한 바퀴를 돌고 와서는 살짝 갖다 놓기도 하였습니다.

그날은 토요일 오후였습니다. 점심을 먹은 후 미욱이와 미경이 이렇게 셋이서 우리 집에 모여 숙제를 하기로 하였습니다. 그날도 미경이는 노란 자전거를 타고 왔습니다. 미욱이도 미경이 만큼 자전거를 잘 탈 수 있습니다. 셋 중에서 자영이가 자전거 타는 실력이 제일 부족합니다.

숙제를 끝내고 마당에서 고무줄놀이를 신나게 하며 놀았

습니다. 해 질 녘이 되어 미욱이가 집으로 간다고 말하였습니다. 미경이와 자영이는 가까운 거리에 살고 있지만 미욱이는 좀 더 멀리 떨어진 곳에서 살았습니다.

미욱이가 집에 혼자 가기가 심심했는지 말하였습니다.

"자영아, 우리 집에 가는 데 반쯤만 좀 데려다줄래?"

자영이는 머릿속에서 번쩍 좋은 생각이 솟았습니다.

"미경아, 너 자전거 좀 빌려주어라. 내 미욱이 집에 금방 데려다주고 올게."

그러자 미경이는 미심쩍은 모습으로 말하였습니다.

"자영이 네 실력으로는 자전거 타고는 안된다. 혼자도 비틀비틀 겨우 가면서 미욱이 태우고 어떻게 간다고.?"

이 말을 들은 자영이는 자존심이 상하고 화가 났습니다.

"어제도 네가 안 밀어줘도 나 혼자서 잘 탔잖아?"

미경이는 자영이의 기분을 살피더니, 좀 미안한 표정을 지으면서 말하였습니다.

"나는 네가 완전하게 잘 타면 미욱이 태워줘도 괜찮은데 혹시 사고 날까 봐 걱정되어서 하는 말이잖아."

"걱정하지 마라. 내 금방 다녀올 테니, 안심하고 우리 집에서 기다리고 있어라."

그때 미옥이가 난처한지 혼자 집으로 간다고 말하였습니다.

하지만 자영이는 놀러 온 친구를 배웅해 주고 싶은 마음을 포기할 수가 없었습니다. 그리고 자전거를 타고 가는 것도 자신이 있었습니다.

자영이는 자전거를 운전하고 미옥이는 자영이 허리를 잡으며 뒷자리에 옆으로 앉았습니다. 자영이 집에서 미옥이 집으로 가는 길은 내리막길이 있습니다. 자영이는 자전거 페달에 힘을 주며 쌩쌩 달렸습니다. 자전거가 내리막길로 접어들자 속도를 내며 더 빨리 내달렸습니다. 자영이는 내리막길에서 속도를 줄일 줄 몰랐던 것입니다.

그때였습니다. 서너 살 먹은 어린아이가 아장아장 걸으며 도로를 가로지르며 걸어가는 모습이 눈에 들어왔습니다.

자영이의 머릿속에서는 아이를 다치게 하면 안 된다는 생각이 스쳐 지나갔습니다. 그리하여 두 손으로 있는 힘을 다하여 힘껏 브레이크를 잡았습니다.

그 순간 자영이는 자전거와 함께 무서운 속도로 내리막 길로 미끄러지더니 한참을 내려와서 땅바닥에 나뒹굴어졌습니다. 미욱이는 평소 자전거를 잘 타는 실력 때문인지 순발력을 이용하여 재빨리 뛰어내린 상태였습니다.

자영이가 정신을 차리니, 자전거는 옆에 누워있고 주위에는 사람들이 많이 모여 웅성거리며 둘러싸고 있었습니다. 지나가던 아저씨께서 종이로 입속에서 흘러내리는 피를 닦아 주시면서

"괜찮나? 큰일 날뻔했다."

"감사합니다. 고맙습니다."

자영이는 아저씨께 인사를 하며 울먹였습니다.

자영이는 혼자 자전거를 끌면서 오르막길을 걸어 집으로 갔습니다. 저 멀리에서 미경이와 미욱이 그리고 자영이 어머니께서 뛰어오셨습니다. 미욱이가 먼저 집으로 가서 소식을 알린 모양이었습니다. 자영이는 입술이 찢어지고 팔과 다리에 상처가 심하게 났습니다. 그 모습을 보신 어머니께서는 놀란 토끼 눈이 되어 달려오셨습니다.

친구들이 걱정스러운 얼굴과 안타까운 모습으로 자영이를 말없이 지켜보았습니다. 자영이는 아무 말 없이 마음속으로 되뇌었습니다.

"친구들아, 미안해."

자영이는 어머니와 함께 택시를 타고 병원으로 갔습니다. 나이가 지긋하신 의사 선생님께서는 무서워 떨고 있는 자영이를 보면서

"앞으로 비행기 조종사를 해도 되겠다."

라고 농담을 하셨습니다. 자영이는 병원에서 치료를 받는 동안 울면서 다시는 자전거를 타지 않겠다고 맹세하였습니다. 그리고 미욱이와 미경이의 얼굴이 자꾸 떠올랐습니다.

다음날 자영이는 학교에 갔습니다. 수업 시간에 담임 선생님께서는 자영이의 얼굴에 있는 상처를 보시고 깜짝 놀랐습니다.

"자영아, 너 얼굴이 왜 그렇니?"

그 순간 자영이는 눈물이 났습니다. 울먹이면서 선생님께 자초지종을 말씀드렸습니다. 자영이는 온몸에 상처투성이였습니다. 입술은 퉁퉁 부어있고, 이마와 무릎에 난 상처 때문에 시리고 아파서 수업 시간에 집중할 수 없었습니다. 하지만 누구에게 탓을 돌릴 수도 없었습니다.

학교 수업을 마치고 집으로 돌아갈 때였습니다. 미경이와 미욱이가 다가와서 가방을 들어주고 부축을 해주었습니다. 자영이는 미경이의 자전거를 부수어서 미안하였습니다. 하지만 자영이의 몰골을 본 친구들은 오히려 자영이에게 미안해하며 위로를 해주었습니다.

자영이는 미경이와 미욱이에게 사과를 하였습니다.

"미경아, 자전거 부수어서 정말 미안해."

그러자 미경이가 얼른 대답하였습니다.

"새것도 아니고 중고 자전거인데 신경 쓰지 마. 우리 엄마가 너 많이 다쳤다고 걱정하시더라."

"미욱아, 나 때문에 많이 놀랐지? 실력도 없으면서 괜히 뽐내고 싶었나 봐. 그런데 너 정말 빨리 뛰어내렸더라."

자영이는 미욱이가 자전거 뒤에서 순간적으로 얼른 뛰어 내린 사실이 대단해 보였습니다.

"자영아, 너 이제 자전거 안 탄다고 네 엄마랑 약속했다고 했지? 진짜야?"

하고 미경이가 물었습니다.

"아니. 어제는 엄마가 너무 무서워서 그랬는데 다 낫고 나면 다시 연습할 거야."

학교에서는 6학년 선생님들이 자영이를 보면 놀렸습니다.

"우리 학교에서 자전거를 제일 잘 타는 사람은 자영이지?"

하시면서 자영 이를 흘낏 쳐다보시고 웃으셨습니다.

자영이는 보름 동안 매일 병원에서 주사를 맞고 치료를 받았습니다. 미경이와 미욱이는 아픈 자영이를 위해서 화장실에도 따라가 주고, 병원에도 같이 가 주면서 더욱 사이가 좋아졌습니다.

어느덧 서늘한 가을이 깊어가고 자영이의 자전거 실력은 몰라보게 달라졌습니다. 한 손으로 핸들을 잡고 탈 수도 있고 미경이를 뒤에 태우고 동네를 한 바퀴 자신 있게 돌 수도 있었습니다. 물론 내리막길에서는 손으로 브레이크를 살짝 잡으며 여유 있게 내려갔습니다.

 어느 날 이때까지 남의 자전거를 빌려서 타고 다니던 자영이에게 꿈같은 일이 생겼습니다. 퇴근하고 오시는 아버지께서 분홍색 어린이용 자전거를 사 오신 것입니다. 마당에는 초록색 자전거와 분홍색 자전거가 점잖게 서 있었습니다. 초록색은 자영이 아버지 자전거이고 분홍색은 자영이 자전거입니다.

 자영이는 자전거를 타고 부모님 심부름도 다녀오고, 어린 동생들을 자전거 앞과 뒤에 각각 태우고 다녔습니다. 자영이에게 자전거는 친구이자 장난감이며 체력을 단련하는 좋은 운동기구가 되었습니다.

 한 번의 큰 사고를 겪은 자영이는 자전거를 아주 조심스럽게 타고 다닐 수 있게 되었고, 친구들과의 우정도 더욱 깊어졌습니다.

내 사랑, 양산

 아침 출근길, 사송사거리 현수막이 바람에 나부대며 신호대기 중인 사람의 눈길을 끌었다.
 그중 하나가 내 눈에 들어왔다.
 '양산시 인구 30만 돌파를 축하합니다. 동면 주민 일동'
 양산시 인구가 20만이 된 지 불과 얼마 되지도 않았는데, 벌써 이렇게 세를 과시할 정도로 팽창했으니, 양산에서 줄곧 직장생활하는 나로서도 내심 뿌듯했다.
 책상 앞에 앉아 컴퓨터로 공분함을 열어보니,
 '양산시 승격 20주년 기념 양산사랑 골든벨 대회' 협조 공문이 떴다. 그러고 보니, 양산시에서 양산시로 승격한 지도 스무 해가 넘어서는구나. 우리 학교 배정 인원은 4명이다. 얼른 담당 선생님께 알려 참가자 명단을 확인하고 양산시청 담당 부서로 공문을 발송하였다.

상전벽해(桑田碧海)라는 말이 생각난다.

내가 교육대학을 졸업하고 첫 발령지에서 결혼하여 1990년 5월 10일에 양산으로 부임하여 범어초등학교에 발령을 받았다. 서부 경남 전임지 학교 선생님은 부산 범어사 인근 학교라고 추측을 하였으나, 완전 다른 지역이었다.

버스 정류장에서 내려 택시를 타고 교육청으로 갔다. 채 5분도 안 되는 가까운 거리였다. 남부시장 맞은편에 있는 교육청은 차 한 대가 겨우 지나갈 만한 골목길이었다.

인사발령장을 받고, 담당 장학사는 학교를 알려주겠다며 창가로 가서 손가락으로 창밖을 가리키며

"저 멀리 넓은 논 너머에 아파트가 보이지요? 이쪽으로 보이는 건물인데 학교가 보입니까?"

"네."

대평원같이 훤하게 펼쳐진 논 너머로 반듯하게 자리한 학교가 눈에 들어왔다. 버스를 타면 한참을 돌아가야 하고, 택시를 타고 가면 10분 정도 걸리는 거리라고 귀띔해 주었다. 그렇게 해서 양산에서 범어초등학교와 첫 인연을 맺게 되었다.

지금도 그렇지만 그 당시에도 양산지역은 경합지역으로 발령받기가 힘든 곳이었다. 그런데도 다행히 범어주공아파트의 입주로 학급수가 증설되어 주말부부도 면하고 양산에서 근무하게 되었다.

범어초등학교는 오봉산이 병풍처럼 둘러싸였다. 건물 뒤쪽 탱자나무 울타리 너머에는 콩밭이었고, 조그마한 농로를 따라 낮은 주택지와 아담한 빌라 건물이 한 채 들어선 작은 마을이었다.

지금은 오봉산 아래 비탈길에 올라서면 식당, 카페, 주택 등이 즐비하게 늘어섰다. 전망 좋은 카페에 앉아서 내려다보는 양산타워와 물금신도시의 밤 풍경은 이국적인 모습을 자아내기도 한다.

학교 앞 도로변에는 버스정류장은 신주마을과 물금읍 가촌마을에서 통학하는 학생들과 마을주민이 많이 이용했다. 도로는 편도 1차선이어서 지금처럼 넓은 도로가 아니었고 차량 통행량도 많지 않았다. 자가용이 많이 없던 시절이라 장날이 되면 버스정류장에는 많은 사람이 버스를 기다렸다.

1학년 담임을 할 때였다. 우리 반 남학생 한 명이 신주마을에서 버스로 통학을 했다. 또래보다 키가 작아서 등에 짊어진 파란색 가방이 유난히도 커 보여 안쓰럽기까지 하였다. 작은 얼굴에 쌍꺼풀이 진 눈이 초롱초롱한 아이였다.

학기 초 하굣길에는 그 아이 손을 잡고 버스정류장까지 따라가서 버스를 태워 주고 왔다. 빨간 버스가 다가오면 엄마 품으로 달려가는 귀여운 다람쥐처럼 버스 계단을 오르던 모습이 지금도 생생하게 기억난다.

'그 애는 지금쯤 20대 청년이 되었겠구나. 키도 많이 자랐겠지?'

학교에 출근할 때면 부산에서 버스를 타고 양산 주차장에 도착하여 빨간색 시내버스를 갈아타고 학교로 간다. 버스가 영대교를 바로 넘으면 빨리 갈 거리를 마련한 버스는 내 마음도 몰라주고 상공회의소 앞을 거쳐서 유산공단 앞, 양산여고를 지나 양산 외곽을 한 바퀴 빙 돌아서야 학교에 데려다주었다.

첫해에는 4학년 담임을 맡았는데, 전임 학교는 서부 경남 바닷가 쪽이라서 아이들의 말투가 억세고 사투리가 많은데, 양산은 남학생이어도 말씨가 아주 부드럽고 표준어를 쓰는 게 비교가 되었다.

아파트 건설 붐으로 학생 수는 늘어나고, 교실은 부족하여 저학년은 오전반과 오후반으로 나누어 2부제 수업을 할 수밖에 없었다. 맞벌이 자녀는 오후반인데도 아침 일찍부터 학교운동장에서 서성거렸고, 12시가 되면 교실을 빨리 비워 줘야 하므로 허겁지겁 수업을 마쳤고, 학급 환경 판은 반으로 나누어서 두 반이 사용해야 했다. 2부제 수업은 대한민국 교육사에 가장 아픈 추억 중의 하나가 되지 않을까 싶다.

봄이 되면 아이들을 데리고 학교 앞 둑 아래로 소풍하러 갔다. 아이들과 거기서 놀이도 하고, 점심도 먹으며, 학교 울타리를 벗어나 자유롭게 펄쩍펄쩍 뛰어다녔다. 고학년은 주로 걸어서 춘추공원으로 소풍하러 갔는데, 그 당시에 꽤 먼 거리를 걸어서 갔다.

가을에는 운동장에서 대운동회를 하였다. 나는 임신 8개월의 몸으로 4, 5, 6학년 여학생의 매스게임을 지도하였고, 남학생은 텀블링, 기마전 등 어려운 곡예를 준비한다고 남 선생님과 땀을 흘리며 열심이었다.

볼거리가 많지 않았던 시절에는 운동회가 화려한 동네잔치가 되었고, 온 집안 가족이 함께 모여 웃고 즐기는 축제의 날이었다.

이렇게 나는 양산시에서 첫 발령지인 범어초등학교에서 3년간 근무를 하고 양주초등학교로 옮겨서 4년간 근무를 하게 되었다.

93년도 3월 2일에 양주초에 부임하여 6학년 담임을 맡았다. 그때 4층 교실에서 내려다보던 허허벌판의 모습을 잊을 수가 없다.

 봄이 되면 초록색 보리가 넓은 초원을 만들고, 보리는 봄바람에 너울너울 춤을 추다가 햇빛을 받으면서 제 몸의 색채를 바뀌었다.

 어느새 유월이 되어 금빛 바다를 이룬 보리가 한 무리 바람이 토하는 센 입김에 차례로 뒤로 넘어질 듯하다가 다시 일어서는 보리싹들의 무희에 감동되어 한동안 넋을 잃고 지켜보곤 했다.

 이제는 신도시 개발로 허허벌판이던 논에는 수많은 콘크리트 아파트와 상가 건물이 들어서 그때의 흔적을 기억할 수 없을 정도로 바뀌었다.

 지금도 눈을 감아 옛 추억을 되돌아보면 저 멀리 35번 국도에는 지나가는 차들의 행렬이 아련하게 보이고, 보리싹들의 율동적인 군무가 환상적으로 펼쳐진다.

 양산시 주최로 열리는 삽량문화제 학예행사는 가장 인지도가 높은 대외행사였다. 장소는 주로 춘추공원으로 미술과 백일장 행사를 동시에 진행하였다. 학교에서는 지도교

사와 함께 많은 학생을 출전시켰다.

　나는 문예지도 업무를 맡아서 대회에 참가하는 학생들을 방과 후에 남겨서 지도하였고, 학교에서도 좋은 결과를 기대하는 눈치였다. 춘추공원에서 가장 가까운 거리에 있는 학교에 근무하는 게 복이었다. 좁은 영대교를 한 줄로 걸어서 춘추공원에 도착하면 저 멀리 기장지역에서는 이른 아침부터 버스를 전세하여 오기도 하였다.

　삼조의열단 아래 본부석을 차려 놓고 백일장과 미술대회에 참가하는 학생들에게는 빵과 우유 같은 간식도 제공해 주었다.

　학부모도 관심이 많아서 소풍 나오듯이 도시락을 싸서 들고 아이들을 응원하러 왔다. 아이들은 돗자리를 깔고 정성을 다해 글을 쓰고 그림을 그렸다. 심사 발표는 오후 늦게 있었는데 끝까지 남아서 시상식에 참석하여 트로피를 받아 개선장군처럼 학교로 돌아왔다.

　20년 전 양산에는 양산지역, 웅상지역, 기장지역의 초등학교를 합하면 30개교였다. 97년도에 기장지역 학교가 부산광역시로 편입되어 학교 수가 많이 줄었다. 그렇지만, 신도시 건설로 다시 초등학교가 증설되어 지금은 36개교로 늘었다.

　기장지역, 정관지역, 일광지역 모든 학교가 부산광역시로 편입되자 양산에서 같이 근무했던 동료가 하루아침에 부산시와 양산시 교사로 분리되는 기현상도 나타났다.

　바다를 좋아하는 나는 주말이면 가족과 바닷가로 드라이브를 자주 나갔다. 철마산을 넘어 정관을 지나 장안 쪽으로 나가면 드넓은 푸른 동해가 활짝 열린다. 좀 더 차를 타고 임랑, 월내 고리 원자력까지 가거나, 아니면 반대쪽으로 방향을 돌려 일광, 대변, 죽성 마을에 들러 건어물을 사고 기장 쪽으로 나와 집으로 돌아온다.

　나는 집어등이 주렁주렁 매달린 오징어 배가 정박한 푸른 동해를 보며 중얼거린다.

　'여기가 양산 땅이었는데…….'

　나는 작년 러시아 블라디보스토크에 갔을 때 발해 유적

지를 보고,

'여기가 우리 영토였는데 …….'

라고 말했던 것과 같은 느낌이 들었다.

"대변초등학교 운동장에서 체육 시간에 축구공을 발로 차면 축구공이 바다에 풍덩 빠졌어."

옛날 모시던 교장 선생님이 대변초등학교에서 근무할 때 일화를 말씀해 주시던 게 기억이 났다. 학교 교문이 정말 도로 하나를 끼고 바다와 가까우니, 축구공이 교문을 뛰쳐나가 바다로 뛰어들 만도 하겠다 싶었다.

이제 양산은 동부 변방의 시골이 아니다. 대학병원이 생기고 대학교, 지하철, 문화시설, 공업단지 등 도시의 규모가 커지고 날로 성장한다.

스물여섯 해 동안 양산에서 양산맨이 되어 양산의 변모와 발전을 지켜보았다. 어떤 사람은 양산이 부산의 위성도시쯤으로 생각하지만, 나는 그렇게 생각하지 않는다. 한때는 양산의 인구가 부산으로 빠져나가는 게 교육인프라의 부족이라고 여겼다. 이제는 오히려 부산에서 양산으로 학생들이 전학을 올 정도로 옛말이 되어 버렸다. 중학교와 고등학교의 숫자도 많이 늘어났고, 대학교와 의학전문대학원도 생겼다.

지난가을에는 우리 학교 교직원과 북정 시립박물관에 연수를 갔다. 양산의 교사로서 양산에 대한 이해를 높이고 나아가 학생들에게 고장에 대한 자부심과 애향심을 길러 주어야겠다고 느꼈기 때문이다. 우리가 양산의 역사, 지리, 문화에 대해 올바르게 알아야 학생들에게도 바르게 전달하기에 시립박물관 견학을 기획하였다.

그날은 가을비가 내렸다. 사전에 시립박물관에 연락하여 문화해설사와 약속을 하였더니, 먼저 오도착해서 우리를 기다렸다. 한 시간 넘게 박물관 내부를 둘러보면서 양산의 역사, 지리, 인물, 문화유적, 전통문화 등에 대해 자세하게 설명을 해주었다. 선생님들도 양산에 대해 좀 더 자세하게 알게 된 알찬 연수였다고 만족해하였다.

박물관을 둘러 보고 밖으로 나오니, 어느새 비는 그쳤다. 비가 내린 뒤 촉촉한 산길을 따라 신기산성 고분군을 둘러

보았다. 물기를 머금은 단풍 나뭇잎이 나비처럼 팔랑거렸다. 고분 주위는 산책로를 닦아 잘 단장해 놓았다. 산길을 한 바퀴 돌아서 시립박물관 주차장으로 내려오는 길에 솔 향이 내 코를 스치고 지나갔다. 양산이 유서 깊고 아름다운 고장이라는 걸 새삼 알게 되었다.

 오늘도 나는 메타세쿼이아 가로수길을 통해서 양산의 품속으로 달려간다. 둘러싸인 아름다운 양산으로 들어서는 출입문이다. 사철마다 모습을 바꾸는 천성산과 오봉산이 둘러 있는 양산이 좋아서 양산을 벗어나지 못한다.

 또 한 가지는 양산에서 자라는 꿈나무들을 큰 나무로 키우기 위해서 나는 양산을 떠나지 않을 것이다.

인연

 2000년 3월 2일은 내 교직 생활에서 중요한 전환점이 되는 날이다.

 교직 생활 13년 차, 기대했던 학교로 발령받아 근무하게 되는 기쁜 첫날이다.

 작년 가을에 학교별 친선 배구대회 때 처음 방문했는데 첫눈에 들었던 학교이다. 학교 운동장에는 우람하게 버티고 선 플라타너스가 오랜 역사를 말해 주었고, 뒷산 봉림대 폭포수에서 흐르는 물줄기가 운동장 수로를 따라 시냇물처럼 흘렀다. 자연을 좋아하는 나와 딱 맞는 학교로 찾아왔다.

운동장에서 시업식을 마치고 교실에 들어와 인사를 나눌 때였다. 복도에서 교감 선생님이 잠시 나오라는 손짓을 했다.

"구 선생님, 부탁 한 가지 해도 될까요? 우리 학교에 청소년 단체 아람단을 운영하는데 맡아주시면 안 되겠습니까? 단원은 100명 정도인데, 단원 관리만 해주시면 됩니다"

나는 그 큰 업무를 맡는다는 게 자신이 없어 정중하게 거절을 하였다. 아람단 활동은 주말에 단원을 데리고 견학 활동이나 체험활동을 떠나는 일이 많아서 개인 생활에 지장을 주니, 다른 선생님도 꺼리는 업무였다.

잠시 뒤 교감 선생님께서 또 오셨다. 아무도 할 사람이 없다면서 꼭 부탁한다고 하시는데 두 번 거절할 수가 없었다. 이렇게 하여 청소년 단체 아람단 활동은 나와 오랜 인연을 맺게 되었다.

첫해 때는 아무것도 모른 채 이웃 학교 아람단 선생님의 도움으로 가장 중요한 단원 선서식을 무사히 마칠 수 있었다. 두 해째는 욕심이 생겨 선서식과 운동장에서 뒤뜰 야영까지 계획하였다. 레크리에이션 지도자도 섭외하여 학부모와 함께하는 학교 야영에 도전해 보았다. 운동장을 빙 돌아 조별 텐트를 설치하고, 운동장 한가운데에 장작더미를 쌓아놓으니, 그럴듯한 캠프파이어 무대가 완성되었다.

하늘에는 만국기가 펄럭이고 학부모님과 교직원들도 아람단 행사를 응원해 주었다. 학교 옥상에서 기름 묻은 솜뭉치가 철삿줄을 타고 미끄럼을 탄다. 신나게 내려와 장작불 불씨에 닿는 순간, 불꽃이 치솟고 아이들의 함성과 함께 축하 폭죽이 밤하늘의 별이 되었다.

어느 선배 선생님이 웃으며

"교감 선생님이 사람을 잘 알아보고 업무를 맡겼네."

다른 사람의 업무를 대신하여 맡았지만, 매력이 있었다. 교직 생활이 나른하고 건조할 때 소나기가 되어 주는 업무였다.

시말서

 교육 대학을 졸업하고 정식 발령이 나기 전에 의령군에 있는 6학급 소규모 학교에서 기간제 교사로 근무하였다. 그 당시에는 임시교사라고 하였는데 산후 휴직 대체 교사로 발령을 받아 6월, 7월 두 달 동안 4학년 담임을 맡게 되었다.

 학교 교문 앞에 버스가 서고, 탱자나무 가시로 울타리가 빙 둘러 처진 전원적이고 아담한 학교였다.

 7월의 어느 여름날, 아침에 등교하는 은숙이가 손에 초록색 꽃대가 길쭉하게 올라온 노란색 꽃 한 묶음을 내밀었다. 꽃 이름이 달맞이꽃이라고 하였다. 초록 잎사귀 사이사이에서 노란 꽃이 소박하게 보였다. 교실에 꽃병이 없어 빈 사이다병에 꽂아 두었다. 꽃 이름이 달맞이꽃이라는 것도 그때 처음 알았다. 집에서 한 시간 정도 산길을 걸어 학교로 오는 길에 숲속에 흐드러지게 핀 예쁜 꽃을 꺾어 온 것이다. 그 뒤에도 여러 번 노란 꽃다발이 책상 위에 놓여 있었다. 지금도 달맞이꽃을 보면 그 여자아이의 얼굴이 떠오른다.

오늘은 아침부터 뜨거운 바람이 불어와 교실 안이 후끈후끈하다. 선풍기 한 대 없는 교실에서 아이들과 자연 바람과 손부채로 더위를 견뎌야 하는 한여름 날씨이다.

한 시간 넘게 산길을 걸어 등교한 은숙이의 콧잔등에도 땀이 송골송골 맺혀있고 이마에는 머리카락이 젖어서 붙어있었다.

아침이 되니, 한 녀석이

"선생님, 오늘 체육 시간에 냇가에서 수영하면 안 돼요?"

체육 교과서에 헤엄치기가 나오는데 냇가에서 수영하는

것도 좋겠다는 생각이 들었다.

아이들은 신이 나서 함성을 지르고 손뼉을 치며 체육 시간이 되기를 고대하였다.

드디어 점심시간이 지나고 아이들을 데리고 냇가로 향했다. 학교 교문에서 한 오 분 정도 걸어서 들판을 지나니, 물이 졸졸 흐르는 냇가가 보였다.

남자아이들은 냇가에 도착하자마자 윗옷을 벗어던지고 물속으로 뛰어들었다. 아이들 무릎 위로 오는 깊이여서 걱정은 안 되었다. 나는 아이들이 훌러덩 벗어던지는 옷을 받아서 팔에 걸치고 아이들을 지켜보았다. 여자아이, 남자아이들이 물장구치며 노는 모습을 보니, 너무 귀엽고 사랑스러웠다. 한 시간이 금방 지나고 아이들은 아쉽지만, 학교로 돌아와야 했다.

다음날, 아침부터 아이들이 또 냇가에 수영하러 가자고 조르고 졸랐다. 사실은 아이들이 신나게 노는 모습을 보니 나도 즐거웠다. '어제 실컷 놀지 못해서 아쉬운가?'

아이들 편을 들어 약한 마음에 또 약속하였다.

아이들은 물 만나 물고기처럼 더 신나게 놀며 더위를 식혔다.

아이들을 하교시키고, 교감 선생님께서 불러 교무실로 갔다.

"오늘 냇가에 아이들 데리고 다녀왔어요?"

"네."

"구 선생님, 어제도 말도 없이 아이들 데리고 다녀오더니, 오늘 또 학교 밖을 허락 없이 다녀오고……."

"아이들이 하도 좋아하고 졸라서……."

평소에 인자하고 점잖으신 교감 선생님이 미간을 찌푸리며 으름장을 놓으셨다.

"선생님, 이건 시말서 감입니다."

교감 선생님께서는 병아리 교사가 아무것도 모르고 아이들이 좋아한다고 무조건 아이들 기분만 생각한 걸 염려한 것이다. 지금 생각하면 행여나 안전사고가 발생하지 않았던 것이 참 다행이다.

잘못하면 정식 발령도 나기 전에 인턴 교사가 시말서를

쓸 뻔했다.

'그래도 아이들이 즐거워하고 행복해하는데 어찌 시말서 한 장에 주눅들 수 있겠나! 꽃은 꺾어도 왕초보 교사의 열정은 꺾을 수 없어.'

혼자 마음속으로 중얼거리며 교무실을 나왔다.

고무줄 나이

 월요일 아침이다. 월요일 아침이면 아이들과 주말에 있었던 일을 친구들 앞에서 발표하는 시간을 가진다. 맨 먼저 내가 아이들에게 있었던 일을 간단하게 말하고 아이들이 순서대로 번갈아 가며 자신이 경험한 일을 말한다.
 처음에는 낯설고 부끄러워서 이야기를 잘 못하던 아이들도 익숙해지면 별로 어렵지 않게 말한다.
 "집에서 혼자 게임을 했어요."
 "가족들과 영화 보러 갔어요."
 "삼촌이랑 등산을 다녀왔어요."

이야기가 끝나면 보따리가 가득하다.

이 시간에는 친구들 앞에서 자기의 생각을 표현하고 전달하는 말하기 시간이요. 친구의 이야기를 들으며 공감하고 재밌는 반응을 보이며 소통하는 시간이다.

오늘 아침에는 정우가 지난 토요일에 아빠 생신이었는데 가족들과 맛있는 밥을 먹었다고 말했다.

"정우야, 선생님 남편하고 정우 아빠하고 생일이 같은 날이구나!"

이 말을 듣고 있던 반 아이들이 놀란 눈으로 나를 바라본다.

"선생님 결혼하셨어요?"

올해 담임을 맡은 3학년 아이들이 진지하게 묻는다.

나는 순간 거짓말을 하였다.

"아니, 그냥 농담으로 해 본 거야."

이때는 개구쟁이 까불이들이 귀여운 천사 같다. 방그레 웃음이 그치지 않는다.

쉬는 시간에 주연이가 내 자리로 다가오더니,

"선생님 결혼하셨죠?"

"왜? 선생님이 결혼한 것처럼 보여?"

"선생님이 예쁘니까 결혼했을 것 같아요."

아이들의 순진한 반응에 나는 속고 또 속는다.

저학년 아이들은 나이를 가늠할 줄 모른다. 자기 눈에 예쁘게 보이면 나이가 한참 내려간다. 내 나이가 스무 살이 되기도 하고, 서른 살이 되기도 하고 오십이 되기도 한다. 아이들의 기분에 따라 내 나이는 고무줄 나이가 된다.

오늘 주말 이야기는 내내 웃음을 감추고 들어야 하는 힘든 시간이었다.

첫 제자

"선생님, 바깥 전화인데 전화 한번 받아보세요."

교감 선생님이 내선전화로 외부에서 걸려온 전화를 연결해 주셨다.

"선생님, 구추영 선생님, 저는 ○○초등학교 5학년 때 제자 곽ㅇ욱입니다."

1988년 초임 발령 때 우리 반 제자였다는 성인 남자 어른의 음성에 당황하며 듣고만 있었다. 수업 중이라 간단하게 통화하고 전화번호를 받아 적어놓고 나중에 통화하기로 했다.

2001년 그 당시 인터넷 야후 포털에 아이러브스쿨 사이트가 있었다. 그곳에서 옛 스승 찾기, 친구 찾기가 대유행이었다. 이 제자도 이곳을 통해 도 교육청, 지역교육청을 거쳐 현 근무지까지 연락이 되어 나를 찾게 되었다. 요즘은 개인 정보 보호 차원에서 먼 옛날이야기가 되었지만.

전화를 끊고 그 시절을 더듬어 본다. 다행히도 제자의 모습이 선명하게 그려진다. 까무잡잡한 얼굴에 검은색 실테 안경, 초록색 후드티와 청바지를 즐겨 입던 명랑한 성격의 12살 남자아이가 떠올랐다.

전화를 받고 기억이 안 났으면 난감했을 텐데 이름을 듣자 또렷하게 기억이 나서 천만다행이다.

누구나 잊지 못할 첫 발령의 추억과 그 제자들은 오랜 기억 속에 머물고 있다.

나의 첫 발령 기억은 88 서울올림픽과 연결된다. 8월 말에 교육청에서 발령장을 받고 오후에 부임지인 학교로 인사를 하러 갔다. 정식 발령은 9월 1일인데 교장 선생님께서 바로 5학년 학급담임을 임명하시고는 교실로 보내셨다. 그날은 마침 사천시에서 88올림픽 성화봉송 행사가 있는 날이었다. 학교 아이들은 성화봉송 행사에 동원되어 손에 풍선을 한 개씩 들고 학교 앞 거리로 나갔다. 나도 아이들과 성화봉송 주자를 응원하는 대열에 이끌려 나갔다. 학급 아이들과 정식으로 인사도 나누지 못한 채 도로에서 환호하는 인파에 둘러싸여 있던 기억이 떠오른다.

퇴근 후 집으로 오자마자 전화를 기다리는 제자에게 전화하였다. 5학년 2학기에 담임을 맡아 6개월을 지도했지만, 그때의 추억뿐만 아니라 반 아이들의 모습과 이름이 생생하게 떠올랐다.

나의 첫 교직 생활의 첫사랑이었고 나와 띠동갑이었다.

한참 이런저런 이야기를 하는 중 갑자기

"선생님, 결혼하셨어요?"

하고 묻는다.

"응. 초등학생 딸도 둘 있어."

"이번에 5학년 때 친구들과 반창회를 하는데 선생님을 초대하려고 해요."

그리고 나서는 또 묻는다.

"선생님도 보통 아줌마들처럼 배 나오고 살도 쪘어요?"

교육 대학을 갓 졸업하고 스물네 살 어린 나이에 만난 첫 발령지 제자이다. 나를 기억하는 모습은 당연히 젊고 예쁜 여자 선생님일 것이다. 머핀 같은 몸매로 변한이 모습은 상상이 안 되겠지.

갑자기 반창회 초대에 응할 용기가 사라진다. 그때 그 모습 그대로 신비로운 선생님으로 기억해 주기를.

통도사 극락암 청동 반자

극락암으로 올라가는 길목에는 홍학을 닮은 소나무가 긴 다리를 자랑하듯 하늘을 향해 쭉쭉 뻗었다. 극락암으로 들어서자 제일 먼저 반달 모양의 홍교가 눈에 들어온다. 극락영지를 가로질러 놓은 무지개다리가 극락세계로 들어서는 입구인가보다. 저절로 마음이 경건해진다.

홍교를 지나 극락암 무량수각 앞에서 발길을 멈추고 안내판을 읽었다.

'무량수각은 조선 시대 고종 30년에 중건을 하였다'로 시작하는 문구를 읽어 내려가는데, 뭔가 목에 걸렸다. 무량수각 청동반자(靑銅飯子)에 대한 기록을 읽으면서 잠시 숨을 멈췄다.

'극락암 청동반자는 불구(佛具) 가운데 종교적 분위기를 높이기 위해 사용하는 법구(法具)이다. 청동반자의 전면 중앙에는 돋을새김의 태극 원문 당좌가 있고, 대한제국 왕실의 수복과 안녕을 기원하는 글씨가 새겨져 있다. 조성 시기는 칠성탱화 조성 때인 1903년으로 보인다. 경봉 스님은 이 반자를 1938년 5월 극락암 뒤 대나무 숲에 묻어 두었다가 1945년 광복 다음 날, 이 쇠죽을 파내어 다시 걸고 스님께서 손뼉을 세 번을 크게 치시며 해방을 기뻐하셨다,'

나는 발길을 돌려 청동반자를 찾아보기로 했다. 눈길을 돌리니 금방 무량수각 대청마루에 걸린 청동반자가 눈에 띄었다. 한쪽 면은 마치 징 모양을 하고, 옆에는 목탁도 함께 걸렸다. 이 목탁으로 소리를 내는가 보다. 다른 면을 보니, 원 모양의 테가 있고, 가운데는 커다란 세숫대야 모양으로 움푹 파였다. 그 안은 청동 색깔이 세월의 무게만큼 벗겨졌으니 고난에 벗겨진 상처로 보였다.

사람도 아닌 불교 반자가 땅속에서조차 울음을 삼키며 숨죽여 지냈던 시절을 견뎌냈다. 반자가 서러움을 토해내는 소리는 얼마나 슬플까? 반자를 물끄러미 바라보니, 그 목소리가 궁금하여 손가락으로 두드려 봤다. 청명한 소리가 공중으로 사라졌다.

극락암 청동반자는 역사와 함께 한 우리 고장의 문화재이다. 우연히 알게 된 청동반자의 소리를 다음 기회에는 꼭 들어보리라 다짐하며 극락암을 내려왔다.

다시 찾은 미타암

 지난가을, 가족과 대운산 자연휴양림에 다녀왔다. 웅상 부근을 지나는데, 갑자기 이 근처에 '미타암'이 있다는 생각이 떠올랐다.

 '미타암!'

 참 이름이 특이한 절이다.

 갑자기 미타암에 가고 싶었다. 기억의 저편에서 미타암으로 가라고 누군가 말하는 것 같았다. 그래서 계획에 없었던 미타암으로 방향을 틀었다. 나는 18년 전의 그때의 추억을 가족에게 풀어 놓았다.

1997년도에 웅상읍 평산리에 있는 평산초등학교에서 근무할 때였다.

그 시절에는 학교 교육 과정 연간 계획에 따라 매월 1회 토요일은 '책가방 없는 날' 행사를 운영하였고, 학생들에게 호연지기와 극기심을 기르게 한다는 취지로 수련 활동을 강조하였다.

그래서 책가방 없는 토요일이면 학교 주변 산으로 체험 활동을 가거나, 학교 운동장에서는 텐트를 치고 뒤뜰 야영 활동을 하는 등 체험 행사가 많았다.

책가방이 없는 그날, 고학년을 담임했던 나는 학생들을 인솔하여 학교 뒤 들판을 거쳐 주진 못을 지나서 험한 산길을 올라 미타암에 갔다.

'극기훈련'을 목표로 초등학생들을 데리고 그 경사진 오르막길을 걸어서 미타암까지 올랐던 때가 벌써 스무 해가 되었다.

원래 산길은 오르막이 있으면 내리막이 있는 법인데, 미타암을 오르는 구불구불한 길은 계속해서 오르막길만 한없이 이어졌다. 아이들의 '극기심'을 키우기 위해 했던 활동이 나의 '극기심'을 시험하는 듯 힘들었던 기억뿐이다.

요즘에는 산행을 좋아하여 산에도 자주 가지만, 그 당시에는 숨쉬기 운동이 유일한 운동이었던 시절이라 연속되는 오르막길 산행은 고행길이었다.

그래도 아이들은 몸이 가벼워서인지 소풍 가듯 친구들과 재잘거리며 가뿐하게 올라갔다.

하지만 나는 힘들어하는 내색을 할 수가 없었고, 오히려 다리가 아프고 처지는 몇몇 학생들에게 '고지가 바로 저기다!' 하며 넉살 좋게 채근했다. 이 말은 오히려 내가 나를 일으켜 세우기 위해 내뱉는 나를 향한 독백 같았다.

드디어 정상이 보이고, 암자의 지붕이 보였다. 힘 좋은 아이들은 다 와 간다며 뛰기도 하였지만, 나는 가도 가도 끝이 없었다.

'왜 이 높은 곳에 절을 지어서 사람들이 힘들게 다니도록 만들었지? 절은 교회처럼 오기 편한 곳에 있어야 사람들이 많이 찾을 수 있을 텐데……'

라고 속으로 불평하면서 겨우겨우 올라갔다.

마침내 힘들게 올라갔던 암자는 아담하고 소박해 보였다. 절에서 약수를 마시고 쉬다가 절 주위를 한 바퀴 둘러보고, 내려올 때는 주진마을에서 암자로 오가는 셔틀버스를 이용하여 편하게 내려왔던 게 기억의 전부다.

지금도 그렇지만 그때도 교사는 종교의 중립성을 지켜야 한다고 생각하여 종교에 관해 관심이 없었고, 불교에 대해서도 무지했다. 그래서 암자의 전경만 빙 둘러 보고 오는 정도였다.

지금 생각해 보니, 그때의 내 모습이 참 부끄럽게 여겨진다. 학생들을 인솔하여 가면서 사전에 현장답사는 못 했다고 해도 그 절에 대한 사전 지식쯤은 알고 있어야 했다. 그저 어느 나이 많으신 선생님에게서 그 절이 영험하다는 이야기만 들었을 뿐이다.

"미타암은 646년 통일신라 시대에 원효대사가 양산시 웅상읍 소주리 원효산에 창건한 암자로 전하는 석굴사원입니다. 미타굴 안에 아미타여래 입상을 모셔 미타암이라고 부른답니다. 이 불상은 화강암으로 만들어졌으며, 보물 제 998호로 지정되어 있어요."

라며 우리 고장의 자랑거리를 자세하게 설명하지 못했던 점을 돌이켜 보니 아쉽고 후회스러웠다.

우리 일행은 마침내 미타암 주차장에 도착하였다. 매점에서 꼬지 어묵을 시식하고 산길을 오르기 시작했다. 아이들과 왔던 이 길을 다시 걸어서 올라간다. 깊은 가을이라 나뭇잎 떨어진 길이 미끄러워서 발길이 조심스러웠다.

산길을 올라가는 중턱에서부터는 연등이 나무 사이로 길게 매달린 모습이 마치 꽃등을 보는 것처럼 화려하게 보였다. 부처님 오시는 날이 되면 소원 등이 되어 주고, 지금은 미타암을 찾아주는 대중을 환영하는 꽃등이 되어 주는 것 같았다. 밤이 되면 환하게 불을 밝힐까?

예전에는 계속되는 오르막길이 지겹고 불만스러웠는데, 지금은 나를 위한 수양의 길이라고 위안해 본다. 이 먼 곳에 암자를 세운 깊은 뜻을 헤아려 보니, 좁은 산길은 그저 길만이 아니고, 또 다른 의미가 담긴 길이었다. 이런 생각을 하면서 올라가니, 가을 낙엽 냄새가 더없이 반갑고, 잠시 올려다보는 가을 하늘은 맑고 푸른 바다처럼 깨끗했다.

한 걸음 한 걸음 걷다 보니, 어느새 미타암 입구에 다다랐다.

보기만 해도 절로 미소를 짓게 하는 대리석 불상이 '쉿!' 하며 웃어준다. 이때까지 보았던 금동불상은 엄숙한 자세로 앉았는데, 이 돌부처는 반대로 눈웃음치며 친근감을 주었다. 검지로 입을 가리는 건 어떤 메시지를 주는 걸까? 이곳은 수행하는 장소이니 조용히 하라는 메시지도 되겠지만, '중생들이여, 입조심을 하시게나!'라는 충고로도 들렸다.

일행은 대웅전을 지나 석굴사원으로 향했다. 옛날의 소박하고 아담한 암자의 기억과는 달리 많이 현대화되어 솔직히 충격적이었다.

그렇지만 석굴에 모셔진 아미타여래 입상을 향해 합장했다. 8세기 통일신라 시대의 유물이 유구한 역사를 지나 아직 이곳에 그대로 봉안되었다는 사실이 대단하였다.

화강암에 새겨진 부처님 얼굴의 윤곽은 뚜렷하게 보이지 않았는데, 내 눈에는 유난히 맨발의 두 발이 눈에 들어왔다.

석굴 법당에는 예전에 왔을 때와는 달리 방 한 칸을 더 넣어 리모델링을 해 놓았다. 찾아오는 불자를 위한 편리를 위해서 그랬겠지만, 나는 뭔가 어색함을 감출 수가 없었다. 자연 석굴의 형태를 그대로 보존하기보다는 인공적인 걸 보태고 덧붙이니, 멋이 다르게 느껴졌다.

열심히 기도를 올리는 여러 보살을 살짝 비켜서 법당문을 닫고 돌아보니, 저 멀리 사창 동네와 덕계 쪽이 조망이 펼쳐졌다.

지난 사월 초파일 전날, 텔레비전에서 본 프로그램이 생각났다. 전라도 어느 사찰에서는 주지 스님과 보살이 함께 모여 꽃송이로 연등을 직접 만들었다. 요즘에는 플라스틱으로 만든 등을 구매하여 재활용하는 곳이 많은데, 이 절에서는 불자들이 해마다 연등 만들기 봉사를 한다고 들었다.

그 보살 중에 할머니 한 분이 계셨다. 나이가 들어도 이 절을 위해서 자기가 감당할 유일한 봉사라고 하시며 말씀을 이어갔다.

"젊은 시절에 남편을 일찍 보내고 나서 아이들을 데리고 고생하면서 살았어요. 남은 절에 오면서 쌀도 이고 오고, 돈도 들고 오지만, 나는 부처님 앞에 돈 천 원을 놓을 형편이 안되었어요. 그래서 남이 안 보는 새벽 일찍 절을 찾아서 정화수를 부처님 전에 올리고 기도를 했지요. 사는 게 너무 힘들 때는 이 절에 와서 부처님을 보고 울다가 내 마음을 위로받고 내려갔지요. 이 절이 유일한 안식처였어요."

몸도 아프고 마음도 아팠던 그 할머니의 이야기가 지금도 귀에 쟁쟁하다.

'종교의 힘이라는 게 이런 거구나!'

미타암 돌계단을 내려오며 세상 안의 모든 사람이 건강하고 평안하기를 마음속으로 빌었다.

세월을 거슬러 올라갔던 기억 속의 그 미타암은 간데없고, 산길을 내려오는 동안 가슴에는 뭔가 먹먹하고 허전함이 남았다.

'강산이 두 번이나 바뀌는데 그의 모습을 기대한다는 건 무리지.' 애써 중얼거리며….